普天之下・盡是好書

普天出版家族
Popular Press Family

凌雲文創
A-Plus Creative Company

心態決定你的未來

Mentality determines your future

全集

江

美國作家海爾曼說：

有一天，當你發現自己的境遇都是自己造成的，
而非源於意外、時間或命運，那是多麼悲哀的事。

確實，一個人現在面對人事物的心態，
將會決定自己的未來究竟是什麼模樣。

相對的，只要願意從現在起做一些改變，
人生也會隨著出現微妙的變化。

不同的心態，造就了不同的未來，想改變自己的
就必須從改變現在的心態做起。

很多時候，只要你願意改變自己的心態，
就可以如願以償地改變自己的未來，
擁有截然不同的人生。

【出版序】

改變心態，才有更好的未來

●江映雪

改變心態，就能改變自己的未來。不必懷疑自己的實力，不要抱怨這個世界不公平，更不能對自己失去信心。

美國作家海爾曼說：「有一天，當你發現自己的境遇都是自己造成的，而非源於意外、時間或命運，那是多麼悲哀的事。」

確實，一個人現在面對人事物的心態，將會決定自己的未來究竟是什麼模樣。相對的，只要願意做一些改變，人生也會隨著出現微妙的變化。

不同的心態，造就了不同的未來，想改變未來，就必須從改變現在做起。

很多時候，只要你願意改變自己的心態，就可以如願以償地改變自己的未來，擁有截然不同的人生。

下面就是一則毛毛蟲變身爲美麗蝴蝶的成功故事。

有個小孩不僅相貌醜陋，而且說話嚴重口吃。因爲生病的關係，他的左臉局部麻痺，嘴角畸形，說話時嘴巴總是不自主地歪向一邊。另外，他還有一隻耳朵什麼也聽不見。

這名孩子不甘心受人嘲笑，爲了矯正自己的口吃，他模仿古代一位知名的演說家，嘴裡含著小石頭練習講話，一練就是好幾個鐘頭，嘴巴和舌頭都被舌頭磨出血來了，但爲了讓自己說話清楚，他說什麼也不肯放棄。

母親心疼他所受的苦，流著眼淚對他說：「孩子，其實你什麼都不會也無所謂，媽媽會照顧你一輩子的。」

「不，媽媽，」小孩安慰母親說：「我看書上寫說，每隻蝴蝶都是衝破束縛自己的繭以後，才能化身爲一隻美麗的蝴蝶。我也要努力讓自己變成一隻漂亮的蝴蝶。」

皇天不負苦心人，經過長時間的訓練，小孩總算能夠流利說話了。他的勤奮和努力，也幫助他在學校裡取得優異的成績。

長大之後，他參加全國總理大選。

他的競選對手不斷在電視廣告上播放他那張帶有缺陷的臉，並不懷好意地運用廣告詞說：「你要這樣的人來當你的總理嗎？」

然而，對手這樣惡質的人身攻擊行為，反而令他得到更多選民的同情與注意，他以「我要帶領國家和人民成為一隻美麗的蝴蝶」作為競選口號，最後成功當選為總理，並且連任兩屆，成為加拿大人心目中永遠的「蝴蝶總理」——讓·克雷蒂安。

心態決定你的未來

負面的想法足以敗事，僵化的思維讓人一事無成。人往往因為改變不了消極的念頭，掙脫不了狹隘的視野，才會失去成功的機會。

起點在哪裡不重要，把終點設定在哪裡，才是最重要的。

這個世界當然不公平，有人長得醜，有人長得漂亮，有人聰明有人愚蠢，有人富裕有人貧窮，唯一比較公平的一點是，每個人都可以選擇是否要努力。

也許你的起點比別人低，也許你身上的籌碼沒有別人多，但是你可以選擇停留在原地，或是努力趕上前面的人。

美國著名的醫師作家麥克斯威爾．馬爾茲告訴我們：「想像你對苦難做出的反應，不是逃避或繞開它們，而是面對它們，和它們打交道，以進取的和明智的方式進行奮鬥。」

人生過程中，那些橫擺在我們眼前的逆境與困境，其實都是心態造成的；很多時候，不是環境限制了我們，而是我們用負面思維囚禁自己，不敢邁開大步走自己想走的道路。

改變心態，就能改變自己的未來。不必懷疑自己的實力，不要抱怨這個世界不公平，更不能對自己失去信心。

【PART1】看到不足，也要發現幸福

別人擁有你想擁有的東西，一定也擁有一些你不想要的東西。當你想要成為別人的時候，除了幸福，也應該要去看看不足。

PART 2

與其終身遺憾，不如盡力改善

過去是無法改變的，能做的只有接受現在，改善未來。把該流的淚水一次宣洩而出，別讓遺憾陪你度過往後日子。

【PART 3】讓偶然的經驗成為成功的關鍵

成功或許很不容易，但也不完全是偶然。獲得成功的方法，無非是當運氣來臨時，你也剛好抓住它。

「PART 4」

要出頭，小事也要用智謀

把握每一次出擊的機會，從生活中的小細節開始落實腦中的想法，才有機會出頭、引起注意。

【PART 5】

勇敢闖蕩，就有無窮希望

面對新的事物，要勇於去開拓，在不斷挑戰新的困難時，才能逐漸變得更加強大，變得不可替代。

【PART 6】換個角度，改變生活態度

並不是所有心願都能實現，但只要換個角度想，就會發現「壞事」說不定都是「好事」。

【PART 7】缺點可以變為成功的要件

人要先認識自己，才能超越自己。缺點不足以阻礙你的成功，不知道自己的缺點，才會是通往成功路上的最大絆腳石。

【PART 8】

腳踏實地，才能出人頭地

年少的時候接受磨練和考驗不見得是壞事，唯有勤奮努力，厚植自己的實力，才能避免「少年得志大不幸」的遺憾。

PART 9

有明確構想才能實現理想

因為目標構想不夠明確，所以很多人的夢想都只能停留在畫大餅、做白日夢而無法化為實際行動的階段。

[PART 10]

運用優勢，才能得勢

無論是與生俱來或後天努力習得的利器，像是充沛的財富、傲人的頭銜等優勢，若沒有善加利用，充其量只是外在的一項裝飾。

PART 11

忘掉難過，歡樂更多

能改善的部分都盡力了之後，就該忘掉那些惱人的部分，只記住美好的部分，這才是讓生活更輕鬆自在的處世態度。

PART 1

看到不足，也要發現幸福

別人擁有你想擁有的東西，
一定也擁有一些你不想要的東西。
當你想要成為別人的時候，
除了幸福，也應該要去看看不足。

善用自己的優勢辦成大事

自己的優勢無法透過輕視他人彰顯，唯有尊重他人也尊重自己，才能從中辦成大事。

有位自負的高爾夫職業選手，球技了得，卻沒有什麼運動家精神。對於一般的業餘高爾夫球比賽，他根本不屑參加，因爲他認爲那種比賽的獎金太少了，而他的球技太好了。

有一天，有個臉戴墨鏡、手拿高爾夫球桿的人找到他，表示願意以一百美金一個洞的高價跟他比賽一場。

一百美金一個洞？這個價碼不只吸引人，同時也非常符合他的水準。

職業選手很高興自己受到別人的青睞，然而嘴巴上卻是說：「喔，我不能跟你比賽，因爲你是個瞎子，這樣我贏了會對你不好意思。」

那個人回答：「沒錯，我是個瞎子，可是，我在瞎之前，曾得過州際冠軍，我想我能打敗你。」

「你別說笑了，」職業選手信心滿滿地說：「眞的一百美金一個洞？」

瞎子點頭。職業選手得意地說：「那好吧，就這麼定了，我會儘量不讓你輸得太難看的。你想什麼時候比賽？」

「隨便，時間由你決定，」瞎子回答道：「只要是晚上就行了！」

心態決定你的未來

人生最可悲的事情，在於低估別人的智慧，高估自己的能力。

有些人把對自己的自信建立在對別人的鄙視之上，他們覺得，越輕視別人的短處，越能突顯自己的優勢。

透過貶低別人，他們會覺得自己很棒、很優秀，然而奇怪的是，儘管他們認爲自己十分出色，卻仍然十分不快樂。

理由很簡單，試問一個優秀的人身處在一個到處都是笨蛋的世界裡，又怎麼會覺得快樂呢？

輕視別人可以讓你笑，但是卻沒有辦法帶給你眞正的快樂。人生應該追求的不是那份「我最棒」的虛榮感，而是要學會去欣賞別人，覺得別人很棒，也覺得自己和別人一樣棒！自己的優勢無法透過輕視他人彰顯，唯有尊重他人也尊重自己，才能辦成大事。

沒有做過，別說自己不可能錯

不要輕易指責別人的錯，因為，換做是你，也有可能會做錯，換做是你，說不定也會認為自己根本沒有錯！

有個日本人在海上救起了一個即將溺斃的人。

記者聽說了這件事以後，連忙去採訪這位捨己救人的英雄，希望藉由他的英勇事蹟，展現人性光輝，鼓勵人們多多行善。

沒想到，這名英雄來到鏡頭前面，卻只是一個勁兒無奈地搖頭嘆氣，並且說自己再也不願意下水救人了。

記者請他更詳細地說明自己的想法，他說：「現在回想起當時在水裡的情

形，我的雙腳還會忍不住一直發抖！那時我在水裡，海水又冰又冷，而且深不見底，我幾乎就要被海水淹沒了。我身上的那個人又那麼重，害我一連喝了好幾口水，有那麼一瞬間，我以為自己必死無疑。我多麼不願意自己就這麼死了呀，所以，我再也不要重複這樣的人生體驗了，往後至少十年之間，我不會再下海營救溺水的人，真的，這樣的恐怖經驗一次就夠了！」

日本教育文化研究所所長金井肇先生是這樣評價這件事的：「這個人基於珍惜生命的精神，毅然地去救助生命；但也同樣基於珍惜生命的精神，決定不再去救助生命。」

他說，這兩種心態都沒有絕的是非對錯，人們總是要到最危急的關頭，才能做出最偉大的決定。

心態決定你的未來

換做是你，願不願意跳下海去救人？

凡是懂得游泳的人大多都會點頭表示「願意」。在大部分人的心目中，這是責無旁貸、「應該」做的事，但也正是因爲大部分的人都不曾有過實際的經驗，才會毫不猶豫地點頭。

在還沒有眞正經歷過之前，我們沒有辦法想像當事人的感覺。我們認爲自己比別人更有勇氣、更有正義感，然而，判斷依據卻是來自於「無知」。因此，當我們伸手去指揮別人「應該」做什麼，「不應該」做什麼的時候，也應該反問：自己做過了嗎？

對於需要幫助的人，我們固然要有一份同情心，但是對於其他有能力助人的人，也應該要有一份同理心。

不要輕易指責別人的錯，因爲，換做是你，也有可能會做錯，換做是你，說不定也會認爲自己根本沒有錯！

事情沒有絕對，才有挽回的機會

事情沒有絕對的「對」與「不對」，即使對做錯事的人，也應該要秉持著一份理解的心，開導他，不要指責他。

尖峰時間，公車上擠滿了人。

到了某一站時，上來了一位頭髮斑白的老婆婆和兩名女學生。

老婆婆看起來非常瘦弱，好像風一吹就會倒，倒了以後骨頭就會散掉。這把年紀的人，哪裡禁得起在人群中被推擠的折磨呢？

只是，幾個博愛座上也都坐著像老婆婆差不多年紀的長者。只有一名少年，膝蓋上放了本書，手上拿著一把雨傘，坐在博愛座上，絲毫不覺得自己佔了別人的座位。

公車上的乘客特地讓了一條小路出來，好讓老婆婆可以順利地來到少年坐著的博愛座前。

但是，那名少年只是抬了抬頭，看看站在自己身旁的老婆婆，完全沒有一點點讓座的意思。

這眞是太過分了！

看那位少年的樣子斯斯文文的，怎麼會如此自私呢？枉費他身上還穿著某間學校的制服，那可是多少人擠破頭想要進去的明星學校啊！

終於，和老婆婆一同上車的女同學看不過去了，高聲指責那名少年說：「你怎麼還坐著？難道你們老師沒有教你要敬老尊賢嗎？還坐著看書，不知道你書都讀到哪裡了！」

女同學的這番話雖然大快人心，但也使得公車上的氣氛有些尷尬。所有人都不約而同將目光投射在那名少年身上，等著看他會怎麼做。

那少年臉上的表情有些沉重，不發一語，緩緩地按了旁邊的下車鈴，車子

一停，他就起身站了起來。

突然間，車上一片鴉雀無聲。

原來，那名少年的雙腳嚴重萎縮，走起路來一拐一拐的。而他手裡拿著的雨傘，就是他的枴杖。

少年下車的那一刻，剛才斥責他的女同學感到非常歉疚，對他說了一聲：「對不起。」

只是，少年似乎沒有聽到。也或者，有沒有聽到都無所謂了。

心態決定你的未來

可想而知，那位女同學的心裡一定也像這名少年一樣不好受。

她只是單純地仗義執言，沒想到卻對他人造成了傷害。從她的身上，可以學到：即使是你認爲對的事情，也要小心地做、低調地做。

因爲，事情沒有絕對的「對」與「不對」，但即使只是無意間造成了傷害，也會是絕對的痛。

英國作家佩思曾經寫道：「不論是什麼話，如果你考慮兩遍以後再說，那麼你說得一定比原來的好一倍。」

即使是對做錯事的人，也應該要秉持著一份寬容、理解的心，試著開導，不要指責他。

同樣的，雖然女同學的言語相當傷人，但是倘若那名少年能用寬容的心胸看待，原諒女同學的無知，給她一個補償的機會，不馬上下車，或許這個故事就能有一個更好的結局。

能克制怒氣，才能發現轉機

凡事只要多冷靜想一想，事情就會有不同的轉機。便會發現，以前一天都會發好幾次脾氣，現在每天都能克服好幾個難關。

有個國家非常富有，什麼東西也不缺。

一天，國王突發奇想：「雖然我的國家如此富裕，但是一定還有某些東西是我們國家沒有的，我應該要設法去把它買回來。」

第二天早上，國王立刻派了自己的一位心腹大臣去雲遊四海，尋找自己國家所欠缺的東西。

大臣走了好久，始終沒有遇見自己國家沒有的東西。

終於，有一天，他在路上遇到一個老先生。

老先生問他：「要不要買『智慧』？」

「智慧？那是什麼？我怎麼沒聽過呢？」大臣非常興奮，終於發現了自己國家沒有的東西。

於是，他掏出了自己荷包裡所有的金銀財寶，向老先生買「智慧」。

老先生收下了錢，只拿出一張紙條交給大臣，紙條上頭寫著一句話：

「凡事多思慮，切勿率瞋怒；今日用不到，必定有用時。」

花了這麼多錢，只換來一張紙條，當下，大臣覺得自己被騙了！但是，既然已經銀貨兩訖，他也不能再多說些什麼。

拿著這張「智慧」，大臣快馬加鞭，想要趕快回去稟報國王。

他花了整整一天一夜的時間趕路，直到三更半夜，才好不容易回到家裡。

正當他準備要回房間補眠，明天一早好到宮裡去面見國王時，卻發現，他的妻子居然趁他不在的時候，邀請別人來過夜！

他的房間門口，擺著兩雙鞋子。每一只鞋子，都像是踩在他的心上。

他想要把房門推開，卻發現房門是鎖上的。這下子，他益發怒火中燒，想要乾脆放一把火，把裡頭的姦夫淫婦一同燒死在裡頭！

不過，就在這個時候，他想起了自己買下的「智慧」。

「凡事多思慮，切勿率瞋怒……」大臣頻頻唸著這兩句話。

一直到天亮以後，房門打開了，他才發現，房間裡頭的兩個人，是他的妻子和他的母親。

在他出遠門的這段時間，妻子生了場大病，母親特地趕來照顧媳婦。由於家裡沒有男人，爲了保障兩人的安全，所以她們才在睡覺的時候把房門鎖上。

大臣望著母親和妻子，不禁跪地感謝上蒼。

他散盡金銀財寶，買回了「智慧」，卻因此保住了母親和妻子的性命。想一想，這「智慧」還眞是便宜啊！

凡事只要多冷靜想一想，事情就會有不同的轉機。

這樣的智慧人人都知道，但有些人做得到，有些人卻做不到，那是因爲有的人有練過，有的人卻始終光說不練。

「冷靜」是需要練習的。要一個脾氣暴躁、衝動行事的人一下子擁有高EQ，是不可能的。

如果你也察覺到衝動的壞處，想要學會冷靜的智慧，就要從日常生活中的小事開始「練」起。

把「不發脾氣」當成一個任務、一項挑戰，學習克制自己的怒氣。久而久之便會發現，以前一天都會發好幾次脾氣，現在每天都能克服好幾個難關。

不必過多久，你就會到達更高層次的境界：以前生氣的時候，只知道任由情緒宣洩，現在，那些討人厭的事情依舊在，只是，你已經決定要戰勝它們，不要再任由它們來左右你的情緒。

生氣無法解決問題

越是令你生氣的事情，越是不應該生氣。因為，當你動了肝火的那一刻，已經喪失了解決問題的能力。

有名男子在公車上遇到一個婦人和一隻狗。婦人把狗放在她身邊的座位上，那是整班公車上僅存的空位。

這個人因爲身體不適，很想要找個位置坐下，就開口對那名婦人說：「可以請妳的狗把座位讓給我嗎？」

婦人裝做沒有聽到，男子便再問一次。

這次，婦人索性把臉轉向窗外。

這個人再一次問：「可以請妳的狗把座位讓給我嗎？」

婦人搖了搖頭，挑釁地說：「你憑什麼要我的狗把位子讓給你？」

這個人忍無可忍，一生氣，便把那隻狗整隻抬起來，丟到車窗外。

婦人頓時嚇得面無血色。

這時，旁邊的人才拍了拍那名男子的肩膀說：「老兄，做錯事的是那個女人，不是那條狗。」

心態決定你的未來

沒錯，做錯事的是那個女人，不是那條狗，只是，在生氣的時候，誰能夠考慮到這麼多？

當我們心平氣和的時候，可以很輕易地判斷出事情的是非對錯。然而，一旦捲入情緒的漩渦裡，我們也很可能就是那個丟狗的人。

大部分的人都有這樣的經驗，明明惹你生氣的是你的主管，你卻把脾氣發

洩到你的下屬身上；明明在辦公室裡受氣，卻把颱風尾帶回家裡。

想想看，你的怒火，曾經不小心燒傷過多少無辜受累的人？你心中的不平，那個惹你生氣的始作俑者又了解多少呢？

美國作家肯尼斯．古地曾經寫道：「如果你能從別人的角度多想想，就不難找到妥善處理問題的方法。」

生氣不能解決問題，「生氣」這件事本身就已經是個大問題。

越是令你生氣的事情，越是不應該生氣。因爲，當你動了肝火的那一刻，已經喪失了解決問題的能力。

學習處理問題，才會解決危機

任何人的未來，都不是我們的責任。別人的問題，就交給他自己去處理，問題的後果，也只能由他自己來承受。

清末封疆大吏左宗棠告老還鄉以後，在故鄉長沙大興土木，建築豪華的府邸，打算留給後代子孫。

爲了避免工匠偷工減料，左宗棠一大把年紀了，還拄著枴杖親自到工地監工。一會兒摸摸這裡，一會兒敲敲那裡，就是怕有哪裡不夠完善。

經驗老到的工頭看他如此不放心，對他說：「大人，您放心吧。我活了這麼一大把年紀，不知道建造了多少座府邸。在我手上建造出來的府邸，從來沒有倒塌過，但是，府邸換了主人卻是常有的事。」

左宗棠聽了這話，才驚覺自己太過於杞人憂天，畢竟，後代子孫的事，根本不是他管得著的啊！就算房子不倒，也難保後代子孫不會倒，那麼，他煩惱這麼多又是何必呢？

同樣是一代名臣，林則徐在這件事情上面有著截然不同的態度。

他曾經說過：「子孫如果跟我一樣有能力，那麼要錢幹什麼？賢能卻多財，只會折損他們的志氣；反過來說，子孫如果不如我，那麼要錢做什麼？愚蠢而多財，只會增加他們犯錯的機會。」

心態決定你的未來

與其爲子孫留下財富，不如做個好榜樣給他們看。後代子孫不一定能保留住財富，但是有個好榜樣在前頭，他們才知道要怎麼創造財富。

俗話說：「兒孫自有兒孫福，莫爲兒孫做牛馬。」

處處爲兒孫著想，結果只會讓他們不懂得替別人著想，不會處理危機，也不知道自己的人生該如何規劃。

「兒孫」這兩個字，可以換成任何字、任何人。只要是我們在乎的人，經常會以對方的憂爲憂，以對方的樂爲樂。把別人身上的重擔攬在自己身上，就是不捨得放手讓對方長大。

任何人的未來，都不是我們的責任。任何人的前途，也都不是我們可以左右。那麼，又何必自尋煩惱呢？

別人的問題，就交給他自己處理，問題的後果，也只能由他自己承受；唯有讓他學習處理問題，日後才能順利解決各種危機。我們只要關心，不要操心；要先管好自己的心，再去替別人擔心。

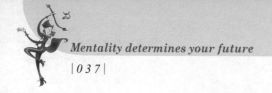

懂得讚美，將有更多機會

想要擁有良好的人際關係，就要先學會讚美別人。如此「於人有利，對己無損」的事情，又何樂而不為呢？

清朝末年，有個名叫蔡乃煌的官員小有才氣，最擅長「詩鐘」。詩鐘是古代的文藝活動，規定要在很短的時間內，做出一副七言對聯，並且在每一句指定的位置中使用抽籤決定的字。

當時，蔡乃煌因犯了貪污案而被免除了職務，但他一直想要官復原職，所以託了朋友，想要和袁世凱、張之洞等人攀上關係。

一天，朋友告訴蔡乃煌，袁世凱和張之洞正在一家餐館玩詩鐘遊戲。蔡乃煌聽了，立刻趕了過去，和大夥兒一起玩。

那一天，活動主持人抽出了「蛟」和「斷」兩個字，指定將這兩字用於每一句第四字的位置上。當眾人都還在低頭沉思時，蔡乃煌腦筋一轉，想到了袁世凱和張之洞不是才剛剛用計除去兩名政壇上的心頭大患嗎？

於是，他吟誦道：「斬虎除蛟三害去，房謀杜斷兩心同。」上聯採用周處的典故，隱喻除掉了兩大政敵。下聯用唐初賢相房玄齡、杜如晦的典故，拐個彎稱頌袁世凱與張之洞和前人一樣睿智。

雖然字面上一句奉承的話都沒有，卻令袁世凱和張之洞聽得心花怒放。蔡乃煌就這樣贏得了當權大人物的歡心，沒多久便官復原職。

心態決定你的未來

或許有人會對蔡乃煌這種靠關係、走後門的行爲感到不屑，但捫心自問，我們其實也很羨慕他的這項本事和好運，不是嗎？

美國《幸福》雜誌曾對五百位年薪高達五十萬美元以上的高階經理人以及三百位政壇人士進行調查，發現其中百分之九十三點七的人都認爲，人際關係順暢是事業成功最重要的因素。

想要擁有良好的人際關係，就要先學會讚美別人。

日本著名學者池田大作也說：「拍馬屁，是一門看到別人優點的學問。」蔡乃煌更把馬屁藝術推展到極致，專挑別人最得意的事情，然後不著痕跡地提起，既不留於矯揉做作，也不過於誇大不實。如此「於人有利，對己無損」的事情，又何樂而不爲呢？

想要建立良好的人際關係，就從拍馬屁開始。

多說些讚美的話，多做些貼心的事，不僅對位高權重的人如此，對自己的朋友、家人，甚至比自己低階的人也要一視同仁。

只要你對每個人都說好話、拍馬屁，就不怕別人說你「勢利眼」、「馬屁精」。又有誰能肯定，今天看似沒有利用價値的人，哪天會不會搖身一變，成爲提拔你的貴人呢？

受到刺激，能釋放自己的能力

只要願意接受挑戰，嘗試突破拘囿自己的瓶頸，就能開發出連自己都會嚇一跳的潛能。

沙烏地阿拉伯有一位漂亮的女孩，已經二十五歲的她不知什麼原因啞了二十年，看了一堆醫生，也試過許多偏方，可是都沒用。

有一天，媒人帶來一個比她大二十五歲，長相很醜的男人來相親。女孩的父親認爲自己的女兒有缺陷，與其嫁不出去，不如嫁給這個又老又醜但是富有的男人。

受到父親逼迫的女孩百般不願意，情急之下竟然說出了二十年來的第一句

話：「我寧死也不嫁給他！」

因爲受到刺激，使得二十年不會說話的啞女開口說話了，可見，她不是不會說話，只是說話的能力一時被抑制了而已。

以下是另一個因刺激而釋放自己潛能的例子。

俄國戲劇家斯坦尼斯拉夫斯基排演一場話劇時，女主角因故不能參加演出，不得不讓自己的大姐接替。

可是大姐從未演過主角，自己也缺乏信心，排演時的狀況很糟糕。斯坦尼斯拉夫斯基非常生氣地說：「女主角是這齣戲的關鍵人物，如果仍然演得這樣差勁，整個戲就不能再排下去了！」

這時全場寂然，受到屈辱的大姐久久沒有說話。

突然，她抬起頭來堅決地說：「排練！」

一掃過去的自卑、羞澀、拘謹，她演得非常自信和眞實。斯坦尼斯拉夫斯基高興地說：「從今以後，我們有了一個新的大藝術家。」

現代醫學心理學認為，人的大腦存有某種抑制現象，使得人們難以察覺自己的潛能。只有在意想不到的強烈刺激下，這種抑制才會被解除，潛能就會突然爆發出來，成為超常的力量。

坊間有許多「潛能開發」的課程，其實就是一種心理暗示，教導人們如何運用自己的「潛意識」。

不管外界給潛意識什麼樣的定義，都不需要將它看得太複雜，只要記住：「不管你相信什麼，只要有信心，潛意識就能發揮功能，創造奇蹟。」

那麼，我們又該如何應用潛意識呢？

有位作家教導學生們創作的第一課，就是在腦海中將想要寫出的東西想像成一幅畫。潛意識也是同樣的道理，當我們將心中的願望描繪出來，並且肯定它、相信它，你就能得到它了。

只要在每天晚上睡覺前及早上剛起來時，利用幾秒鐘或者幾分鐘的時間，在腦海中描繪出自己已經達成希望的喜悅畫面。

例如，你希望能和某客戶談成一筆生意，那就想像生意談成，兩人愉快簽約、握手的畫面。

如此持之以恆，你的願望必然會在某一天突然實現。

以科學的角度來說，這是因爲人的大腦有許多地方仍處於休眠狀態，潛意識的訓練只是幫助我們開發潛能。

每個人的命運都是由自己造就出來的，是否願意控制它、改變它，全都操之在己。潛意識的運用非常重要，只要能夠好好地使用它，將會創造許多亮麗的人生風景。

從這個角度來看，一些發生在自己身上的「壞事」，都可以算是某種程度的「刺激」。只要願意接受挑戰，嘗試突破拘囿自己的瓶頸，就能開發出連自己都會嚇一跳的潛能。

PART 2

與其終身遺憾，不如盡力改善

過去是無法改變的，
能做的只有接受現在，改善未來。
把該流的淚水一次宣洩而出，
別讓遺憾陪你度過往後日子。

發揮高效率增添收益

可以用五個人做好的事情，就不要用到六個人，可以用二十分鐘做好的事情，就不要用到二十一分鐘，才能過充實的生活。

一位年輕有爲的砲兵軍官上任以後，到下屬的部隊視察操練情況。他在幾個不同的部隊中發現相同的情況：不管在哪一個單位，總有一名士兵自始至終站在大砲的砲管下面，絲毫不動。

軍官對這個狀況感到非常不解，尋問士兵們爲什麼要這麼做？得到的答案是：操練條例就是這麼要求的。

這名軍官於是回過頭去，反覆查閱軍事文獻。

他發現，長期以來，砲兵的操練條例是遵循非機械化時代流傳下來的規則。過去，站在砲管下面的士兵必須負責拉住馬的轠繩，因爲當時的大砲是由馬車運載到前線的。但是現在的大砲都已經自動化和機械化了，根本不需要專門負責拉馬的士兵。

這名軍官把他的發現稟報上級，建議修改操練條例，國防部因此決定頒給他一個嘉獎勳章。

軍官的某些同僚知道這個消息以後，覺得很不服氣，他們說：「爲什麼憑這點小發現就可以獲得這麼大的獎勵？」

國防部的官員解釋說：「雖然這名軍官的發現只是小小一點，卻大大提升了管理的效率。想想看，只要每一座砲少使用一個人，再將省下來的人力用於其他工作崗位，就可以獲得許多額外的收益。怎麼不算是大功一件呢？」

一個團體或是一家企業想要進步，首先就必須要把那些「不拉馬的士兵」加以妥善運用。

幾乎每個人都知道這個道理，然而，大多數人卻都因爲習慣了現狀，反而對那些「不拉馬的士兵」視而不見。

應該要養成一個習慣：可以用五個人做好的事情，就不要用到六個人。以這樣的態度來管理組織，才能眞正做到人得其事、事得其人、人盡其才、事盡其功。

另外，我們也應該以同樣的信念來管理自己，要求自己可以用二十分鐘做好的事情，就不要用到二十一分鐘。

如此一來，我們才能過著充實的生活，並且遊刃有餘。

只要抱持希望，就有出發的力量

每個人都能得到上帝給予的寶貴生命，只要你願意相信自己，就能擁有信念和目標，幫助你重新整裝，再出發。

二〇〇三年的聖誕節，湯姆在塞爾西孤兒院寫了一封信給上帝。

信裡的內容說：「上帝您好！您知道我是一個聽話的孩子，可是您昨天送給哈里一個爸爸、一個媽媽，卻連一個姨媽都不給我，這太不公平了。」

這封寫著「上帝親啓」的信，最後被轉送到神學博士摩羅．邦尼先生那兒，他是《基督教科學箴言報》專門負責替上帝回信的特約編輯。

摩羅．邦尼博士接到湯姆的信，馬上就明白狀況：哈里被人領養了，而湯姆依舊被留在孤兒院裡。

如何答覆湯姆呢？

摩羅．邦尼博士知道，最直接了當的辦法，就是找一戶願意領養孩子的家庭，秘密辦理領養手續，待一切都辦好之後，再回信給湯姆：「湯姆，我的孩子！我眞有點疏忽大意了，像你這樣一個好孩子，是不應該沒有爸爸媽媽的。明天我一定爲你送去一對父母。」

對於一個孤兒，上帝眞的會這樣答覆嗎？

摩羅．邦尼博士心裡非常矛盾。他想，對於一個從小失去依靠的人，要想讓他知道上帝是公平的，絕不能用這種辦法。

經過深思熟慮，他給湯姆回了這樣一封信：

「親愛的湯姆，我不期望你現在就能讀懂這封信，不過我還是想現在就告訴你，上帝永遠是公平的。假若你認為我沒有送給你爸爸媽媽，就是我的不公，這實在讓我感到遺憾。

我想告訴你的是，我的公平在於免費供應三樣東西給人們，那就是生命、信念和目標。

你知道嗎？每一個人的生命都是免費得到的，我沒有讓任何一個人在生前為他的生命支付過一分錢。信念和目標與生命一樣，也是免費提供的。

不論你生活在人間的哪一個角落，不論你是王子還是窮人，只要想擁有這三樣東西，隨時能讓你據為己有。

孩子，讓生命、信念和目標成為免費的東西，就是我給人間最大的公平，也是我身為上帝的最大智慧。但願有一天，你能理解。」

摩羅．邦尼博士知道，幫湯姆找一對父母並不是解決問題的辦法。因爲，天底下有多少個像湯姆一樣的孩子，這些孩子又擁有多少個願望，不可能每個都一一實現。

對於這些無法得到答案的脆弱心靈，摩羅．邦尼博士選擇了最佳的辦法，

讓他們了解生命的眞義。

每個人都能得到上帝給予的寶貴生命，只要你願意相信自己，就能夠擁有信念和目標。

你想過什麼日子，問題並不在於外在環境，而在於你的內在想法。如果你的想法是負面的，那麼即使置身天堂，也會過著地獄般的生活；假如，你的想法是正面的，就算目前的日子難熬，依然可以笑著過天堂般的日子。

科學家愛迪生曾經說過：「無論何時，不管怎樣，我都絕不允許自己有一點點灰心喪氣。」

正因爲他不曾放棄希望，才有後來的成就。

泰戈爾也勉勵人們：「危險、懷疑和否定之海，圍繞著人們心中那座小小的島嶼，信念則鞭策人，勇敢面對未知的前途。」

因此，不管眼前日子多麼難過，只要不忘自己的信念和目標，必然有足夠的本錢幫助你重新整裝，再出發。

面對弱點，才能克服缺陷

即使是幾乎完美的人，也會有無法克服的缺陷，必須面對自己的問題，這些負面情緒或習慣絕對沒有你想的那麼糟糕。

一八六七年，小說家杜斯妥也夫斯基和安娜結爲伉儷。同年四月，他們出國旅行，第一站是德雷斯頓。

杜斯妥也夫斯基嗜賭的本性在那裡顯露無遺，隻身前往漢堡「試試手氣」。兩天後，竟輸得一乾二淨，不但寫信要妻子送錢過來，還得當了手錶，才能籌措足夠的路費回德雷斯頓。回去後，他還整天嘮叨不停，認爲自己是因爲賭本不夠，所以才無法翻本。

不久，杜斯妥也夫斯基收到《俄羅斯信使》編輯部匯來的錢。於是，前往日內瓦途中在威斯巴登逗留期間，他又跑去賭博，而且將現款輸得精光。

不服輸的他，還把妻子的結婚戒指、衣物送進當鋪，當來的錢當然又輸得一毛也不剩。

有一次他贏了將近四千三百個塔列爾（舊時德國一種三馬克的銀幣），安娜苦苦哀求，勸告他不要再賭下去，可是杜氏無法克制自己，又走進賭場，兩三個小時後，就把那筆錢輸掉了，只好再典當衣物。

付不起房租的夫妻倆只好搬到一處偏僻、簡陋的房子。那裡的樓下是一家打鐵舖，從早到晚爐火熊熊，鐵鎚叮叮噹噹的敲打聲不絕於耳，杜氏夫婦苦不堪言，無奈的安娜只好向母親求援。

錢匯來了，安娜費盡辦法才把丈夫弄上開往日內瓦的火車，兩人在國外生活的噩夢才告結束。

在日內瓦時，杜斯妥也夫斯基忍不住又去賭博，同樣慘敗。從賭場回來的他臉色蒼白、焦躁不安，甚至站都站不穩，精神呈現恍惚狀態。碰到再也拿不出錢去賭，又借貸無門的時候，他便陷於極端絕望之中，跪到妻子腳下放聲大哭，祈求饒恕。

賭場上的挫折破壞了作家的情緒，再加上輸錢為生活帶來的困窘，使得他長期坐臥不寧，無法安心從事寫作。神經過度緊張的他還癲癇病發作，健康狀況不佳。

連安娜也感到奇怪，丈夫的一生中能夠勇敢承受那麼多不幸，如坐牢、上斷頭台、流放……為什麼卻無法控制自己的意志，讓嗜賭的狂熱吞沒整個身心，陷在賭博的泥淖中不能自拔？

安娜曾在回憶錄中寫道：「我覺得，這甚至是他的一種恥辱，是他高尚人格的缺陷。對我親愛的丈夫的這個弱點，我感到痛心和難過。」

心態決定你的未來

每個人都有弱點，即使是個幾乎完美的人，也會有無法克服的缺陷，這可

能是一種心理疾病、情緒長期壓抑下的個人問題。

有些看似與一般人沒有兩樣的人，背後卻隱藏讓人無法想像的負面情緒。當有一天他無法控制它時，就會一發不可收拾。

例如憂鬱症、躁鬱症、強迫症等精神方面的疾病，很多人沒有察覺，甚至不認為自己有這方面的問題，因此從不注意照顧這類特殊情緒，而把自己和親人的生活搞得一團糟。

導致精神壓力的元素太多，但很多都是能預防、改善的。最重要的是，必須面對自己的問題，尋求正當的求助和發洩管道，讓家人和朋友知道這件事，請他們當你的支柱，才不會影響到往後的人生。

賭博、暴飲暴食、購物狂、極度興奮和憂鬱、突然暴怒……等等行為，都是身體出現問題的徵兆，可能是精神或生理上發生問題。

如果有一天你發現自己哪裡不對勁，不要太恐慌或置之不理。仔細分析自己的情況後，再決定尋求何種專業管道幫助自己，這些負面情緒或習慣絕對沒有你想的那麼糟糕。

興趣，使生命更有意義

只要有了衷心喜愛的興趣，不管人生得遭受多少挫折，都不會影響你對生命的熱情，因為興趣使你的生活更有意義。

諾曼．卡曾斯寫的《一個病理的解剖》一書中，描述了一個關於上世紀最偉大的大提琴家卡薩爾斯的故事。

他們在卡薩爾斯九十大壽前不久見過面。

據卡曾斯描述，他實在不忍心看那老人過的日子，他是那麼衰老，加上患有嚴重的關節炎，得讓人協助才有辦法穿衣服。

呼吸對他而言是那麼費勁，看得出患有肺氣腫；走起路來顫顫巍巍，頭不

時地往下顛；雙手有些腫脹，十根手指像雞爪般彎曲著。

從外表看來，他眞的是老態龍鍾。

就在吃早餐前，卡薩爾斯貼近鋼琴，那是他擅長的樂器之一。他很吃力地坐上鋼琴凳，顫抖地把那腫脹的手指抬到琴鍵上。

剎時，神奇的事發生了。

卡薩爾斯突然像完全變了個人似的，透出飛揚的神采，隨著他的彈奏，身體也跟著律動起來，彷彿是一位健康、強壯、柔軟的鋼琴家。

他的手指緩緩地舒展移向琴鍵，好像迎向陽光的樹枝嫩芽，他的背脊直挺起來，呼吸也似乎順暢多了。

彈奏鋼琴的念頭，完全改變了他的心理和生理狀態。當他彈奏巴哈的一首名曲時，是那麼純熟靈巧，絲絲入扣。當他彈奏勃拉姆斯的協奏曲時，手指在琴鍵上像游魚似地輕快滑動。

卡曾斯寫道：「他整個身子像被音樂溶解，不再僵直佝僂，取而代之的是柔軟和優雅，不再爲關節炎所苦。」

當卡薩爾斯演奏完畢，離座而起之時，站得更挺，看得更高，走起路來也不再拖著地。他輕快地走向餐桌，大口地吃著早餐，然後走出家門，在海灘的清風中漫步。

心態決定你的未來

由於卡薩爾斯熱愛音樂，音樂的力量也為他的人生注入生命力，讓他每一天都能有個美麗的開始。

音樂是他的信念，也是他的興趣，更是他活下去的支柱。

常聽到很多人退休之後，就失去生活的目標，不僅老化得特別快，還容易出現老年失智的傾向。這是年紀大了之後普遍會遭遇到的問題，甚至可以從一個人年輕時就看出端倪。

回想一下，自己除了上班之外，有沒有特別的娛樂或興趣？還是到了假日只能坐在電視機前面發呆，無聊的時候只能睡覺、看電視？

培養自己的興趣很重要，或許現在身邊有朋友、伴侶、孩子的陪伴，不至於讓你覺得無聊，可是總有一天，朋友有自己的家庭，伴侶可能比你早一步辭世，孩子會長大、離家。如果你只能倚靠身邊的人來度過無聊時間，那是一件很危險的事。

培養多種興趣能讓你的生活過得更精采，讓你的人生有多一點選擇，不受生理與外力的影響，更能從中發覺自己的潛力。

只要有了衷心喜愛的興趣，不管人生得遭受多少挫折，都不會影響你對生命的熱情，因爲興趣使你的生活更有意義，遇到的任何壞事都不是壞事。

心中有愛，就能跨過阻礙

受到磨難的時候，只要想到自己身上還背負著他人的命運，強烈的使命感將會幫助我們順利度過難關。

英國有個女孩米歐爾．斯馬特患了嚴重的厭食症，短短幾個禮拜的時間，體重就銳減三十公斤。不管用了多少方法，病情都無法好轉，醫生甚至絕望地斷言她最多只能再活三個月，使得米歐爾幾乎放棄了求生的意志。

有一天，父母送給她一隻西伯利亞小狗，名字叫里奧。里奧來到米歐爾家後，看到主人日漸消瘦，也開始拒絕吃東西，體重很快變輕了。

這可把米歐爾急壞了，想了好多辦法要讓里奧增加體重，但里奧受了米歐

爾的影響，也和主人一樣憂鬱，毫無食慾。

米歐爾心裡很清楚，要救里奧，自己必須先振作起來。因此，她下定決心，爲了里奧，要帶頭增加體重。經過一番努力，米歐爾和里奧都恢復了食慾，體重開始上升。

她救了小狗，也救了自己。

不爲了自己，也要爲別人堅持下去的情操，其實普遍存在於我們生活的周遭，以下是另一個例子。

一個寂寞的旅人在沙漠的中心地帶迷路了，那裡是生命的禁區，四周除了黃沙，還是黃沙。他身上僅存一點點乾糧和飲用水，然而一望無際的沙漠根本找不到出口，旅人感受到深深的絕望。

這時，他發現不遠處有一隻瀕臨死亡的鳥兒。牠的翅膀無力地垂著，再不喝些水、吃點糧食就會死去。

旅人動了惻隱之心，餵了牠幾滴水和一些糧食，給了鳥兒一線生機，但牠還是沒有展翅飛翔的力氣，旅人當下決定帶著牠走出沙漠。就這樣，他帶著牠及僅剩無多的糧食和水，繼續在灼燒的沙漠中走著，最後終於走到了綠洲。

他救了鳥兒，也救了自己。

心態決定你的未來

電影〈世貿中心〉中，有兩個警察被困在倒塌的建築物底下時，有這樣的幾句對話：

「威爾，你要是死了……我也死定了。知道嗎？」

「你可別睡著了，約翰！」

「不會的，謝謝你讓我活著。」

對他們來說，內出血、脫水等等處境不是對生命最大的威脅，最大的危險是失去生存的意志。人和人都是互相依存而活著，因爲對彼此有著責任和信賴；若是其中一方放棄求生的信念，另一方也就瞬間失去了力量。

電影的最後，旁白說：「九一一事件讓我們看到真實的人性，人性有邪惡的一面，但是也有善良的一面。人們彼此照應，不為什麼，只因為這是正確的事。重要的是我們該去談論這份良善，並記得，當世人目睹邪惡的同時，人性的良善也得以實現。」

有些人空虛、寂寞時會想養寵物，不完全是爲了打發時間或作伴。最重要的是，照顧寵物讓人有愛的責任存在，讓人必須對一個生命負責。

當米歇爾和旅人自覺對小狗和小鳥這兩個無助的生命有責任時，爲了幫助牠們，自己必須勇敢地活下去。也因爲這樣，間接幫助了自己。

「責任」聽起來雖沉重，卻很珍貴，尤其是對他人的生命負責。這種責任是互相的，以「愛」與「善」爲出發點。

當我們極力想幫助別人時，也在無形中幫助了自己。我們會因爲一個善舉、一個愛的表現，而讓心靈感到滿足。

當受到磨難，再也無法支持下去的時候，只要想到自己身上還背負著他人的命運，強烈的使命感將會帶來奇妙的力量，幫助我們順利度過難關。

不自以為是，才不會破壞好事

人們很容易陷入「自以為精明」的情況中，還沒了解情況時別輕下判斷，以免「好事」反而變成了「壞事」。

南非的德塞公園是經由國際上招標建設而成的，得標者是一家德國設計公司。建造公園的過程引起很多爭議，建成之後，市民們更是不滿意，到處挑毛病，批評的聲浪不絕於耳。

後來南非人再建另一座公園時，就不再採用外國人的意見了。二十世紀七〇年代，南非人自己動手修建了一個很大的公園——克克娜公園。

克克娜公園建好之後，南非人都非常高興，紛紛叫好。但想不到兩年後，南非人的看法卻發生了驚人的變化。

原來有一年雨季一來時，克克娜公園就被大水淹沒，德塞公園卻沒有一點雨水的痕跡。因爲德國人不但在整個公園下建了水道設施，還將整座公園墊高了兩尺，這是當初人們不能理解的地方，直到大水到來，大家才恍然大悟，並爲如此先知的設計感到驚奇。

南非人民在克克娜公園舉行集會時，秀麗的公園大門因爲過於狹小，常讓人感到十分擁擠，甚至造成了安全事故。這時人們才想到過去對德塞公園寬闊大門給予的批評，認爲自己當初很傻。

炎熱的夏季，逛克克娜公園的人們更爲憤怒，因爲它遮陽的地方太少，所謂的涼亭只是周圍的一些花架，根本容納不了多少人。而德塞公園納涼的亭子寬廣舒適，能容納許多人。

幾年後，克克娜公園的石板地磨損嚴重，不得不翻修。德塞公園的石板地卻堅如磐石，雨後如新。

可是，當初卻因爲德塞公園的石板路投資過高，南非人差點叫負責的德國公司停工，當時的德國人非常固執，十分堅持自己的做法，毫不讓步，雙方更因此爭得臉紅脖子粗。

當地人曾一度認爲，德國人做事太死板、太愚笨，不懂得靈活變通。現在看來，德國人是對的。

還有草坪，南非人認爲德塞公園的草坪面積過大，有點浪費，對此也隱隱不滿。現在卻讓人覺得剛好，克克娜公園的草坪就顯得小多了。

德國人在設計時，考慮到了南非各方面的需求，包括天氣、季節、地理、環境和人口。南非人自己卻沒有顧及這些，他們竟然沒有德國人熟悉自己生活的環境與狀況。

德塞公園建完後，多年來都沒有發生大問題，克克娜公園卻不時修修補補，這些修復的錢甚至可以再建一座德塞公園了。

有人曾經問德國同行：「你們怎麼會這麼精明？」

德國人回答：「我們只是實在，並非精明。精明的倒是你們南非人。」

心態決定你的未來

你的身邊是否有這種精明人？這些精明人自以為厲害，藉著一些小伎倆和可笑的理由，就妄想掌控大局，否定他人的意見，最後搞得一團亂後，還得別人幫忙擦屁股。

現代社會中，每個孩子都是家裡的心肝寶貝，常見家長不弄清楚是非過錯，就將所有的責任推給學校和老師，搞得全校烏煙瘴氣，才回頭來問老師：「你會不會因為這樣就不肯好好照顧我的孩子？」

雖然老師口中說不會，但是所有的老師都有一個共識，以後只要碰到這個孩子的問題，就儘量不去理會，他想怎樣就怎樣，免得惹禍上身。

老師們的做法或許很消極，也有些爭議，但也難為他們會如此，畢竟面對無理的家長，大家只能明哲保身、自求多福。

那麼，吃虧的是誰？

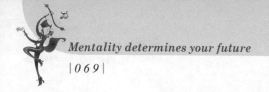

當然是孩子和家長，因爲再也沒有人敢「管教」孩子不對的行爲，只能放任他自己「發展」了。

糟糕的是，這類干涉老師管理方式的家長愈來愈多，他們認爲這是爲了孩子著想的「正確」做法，卻耽誤孩子接受教誨的最佳時機。

導致這些問題發生的原因是，沒有先做到「了解別人」就輕率做出判斷。就像南非人沒去探討德國人如此建造公園的背後動機，只有拼命批評與毀謗，等到自己建設公園時，自然無法從中得到經驗。

人們很容易陷入「自以爲精明」的情況中，我們應該時時警惕自己，還沒了解情況時別輕下判斷，以免「好事」反而變成了「壞事」。

與其終身遺憾，不如盡力改善

過去是無法改變的，能做的只有接受現在，改善未來。把該流的淚水一次宣洩而出，別讓遺憾陪你度過往後日子。

一位老乞丐獨自在山谷中挖隧道，已經挖了十年的歲月。

有一天，一個年輕人突然現身在山谷中，手上拿著一把亮晃晃的彎刀，一個跨步將它架在老乞丐的脖子上。

老乞丐長長地嘆了一口氣，鎮定地對年輕人說：「你終於來了，我知道你早晚會來找我的。」

年輕人兩眼血紅，憤怒地說：「十五年了，你以爲躲到這深山裡，我就找不到了嗎？殺父之仇，不共戴天！現在，你還有什麼話要說？」

老乞丐垂下頭，溫和地說：「我罪有應得，無話可說。但是，只求你一件事，請等我把隧道挖通後再殺我。」

年輕人冷笑說：「這又是爲了什麼？」

老乞丐語重心長地說：「當年，我殺了你的父親，你母親也因此而自殺。你母親死後，我深感罪孽深重、悔恨交加，立志要做一件大善事彌補我的罪孽。你看見了，這座懸崖阻斷了山後這個小鎮的出路，人們來往，得從懸崖上經過，既費時費力又危險，還摔死過不少人。因此，我決心在崖下挖一條隧道，供人們行走。我已經挖了十年，再過兩年就可以挖通了。」

年輕人說：「這樣一來，我不是還要等兩年才能殺死你？」

老乞丐說：「你已經等了十五年了，再等兩年又何妨？讓我做完了這件事，也是一件大功德啊！」

年輕人想了想，同意了。

老乞丐自知時日不多，更加勤奮地挖隧道。渴了，喝口清泉；餓了，吃個

野果；體力實在不支時，才去鎮上討點糧食。

漸漸地，年輕人對他的頑強意志產生了敬佩之情。他年輕力壯又閒著無事，就幫著老乞丐運土抬石。

那天，他見老乞丐累得氣喘吁吁，就要接過鋤頭來挖土。老乞丐指著他的彎刀笑道：「君子善於利用器具，這把刀用來挖土也無不可。」

年輕人一試果然能用，於是便以刀爲鋤，幫著老乞丐挖土。

有一天晚上，年輕人被一條毒蛇咬傷腳趾，昏迷不醒，老乞丐用嘴吸出毒血，敷上草藥，細心照顧他。兩天後年輕人才醒過來，不解地問：「你爲什麼不趁機殺了我？」

老乞丐笑了：「殺了你，誰來爲你父親報仇？」

有了年輕人的幫助，隧道提前一年挖通了。老乞丐盤膝坐在洞口，微笑著閉上眼睛說：「動手吧，孩子，爲你父親報仇的時間到了。」

年輕人遲疑地舉起了彎刀，可是他的彎刀已經被磨成了一根沒有刃口的鐵條。年輕人突然扔下彎刀，伏地痛哭。

老乞丐睜開眼問：「孩子，這一天你等了十六年，怎麼還不動手？」

「你是我的老師，學生怎麼能殺死自己的老師呢？」年輕人哭著說。

心態決定你的未來

每個人都會犯錯，這些錯誤當中，可能有一個錯誤會造成一輩子的遺憾，為此必須忍受痛苦，無法踏實地過日子，幾乎放棄了往後的人生。這是多麼可悲的一件事啊！

電影〈蝴蝶效應〉裡，男主角一次又一次回到過去，在企圖改變人生的過程中，也為未來帶來了後遺症。

過去是無法改變的，我們能做的只有接受現在，改善未來。

無論傷口有多痛、後悔有多深，總會有個出口讓自己感到自在，可以休息，然後彌補過錯，重新開始。

老乞丐沒有逃避自己曾經殺人的事實，也因為這樣，他才有機會感動一顆

年輕的心。

他悔恨當年殺人之過，因此決心奉獻生命挖通隧道，爲世人造福。他的作爲雖然喚不回被殺害的兩條寶貴性命，卻換來更多生命安全的保障。更可貴的是，他的行爲挽救了另一個年輕生命。

如果年輕人殺了老乞丐報仇，不管理由如何，他的雙手將沾上血腥，一生也會背負著殺人的罪過，青春美好的生命必將蒙塵。

如果你也正爲自己的過錯而受到折磨，不妨找個可以讓自己安心的出口，想想下一步該怎麼做。

把該流的淚水一次宣洩而出，別讓遺憾陪你度過往後日子。哭夠了，就擦乾眼淚重新出發吧！

小小的付出，將有意外的收穫

只是一個簡單的小動作，就可以拯救一條寶貴的生命，能夠讓人知道，壞事絕對沒有自己想的那麼壞。

十九歲的伯傑是一個富商的兒子。

一天晚餐過後，伯傑坐在院子的涼亭裡欣賞深秋美妙的月色，突然看見窗外的街燈下站著一個和自己年齡相仿的年輕人，身上穿著破舊、寬大的外套，使得消瘦的他更顯得羸弱。

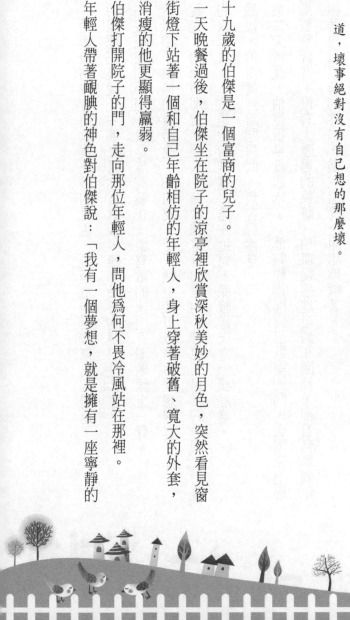

伯傑打開院子的門，走向那位年輕人，問他為何不畏冷風站在那裡。

年輕人帶著靦腆的神色對伯傑說：「我有一個夢想，就是擁有一座寧靜的房子，晚飯後站在窗前欣賞美妙的月色，可是這些對我來說太遙遠了。」

伯傑聽完後說：「那麼請你告訴我，離你最近的夢想是什麼？」

「我現在的夢想，就是能夠躺在一張寬敞的床上舒服地睡上一覺。」

伯傑拍了拍他的肩膀說：「朋友，今天晚上我可以讓你夢想成眞。」

說完，伯傑請那位年輕人走進富麗堂皇的屋內，帶他到自己的房間，指著豪華的軟床說：「這是我的臥室，睡在這兒，保證像天堂一樣舒適。」

然後，伯傑就到離開房間，到客房休息。

第二天清晨，伯傑很早就起床了。他輕輕推開自己臥室的門，發現床上棉被疊得整整齊齊，沒有人睡過的痕跡。伯傑疑惑地走到花園裡，卻看到那個年輕人抱著自己單薄的外衣，躺在涼椅上甜甜地睡著。

伯傑叫醒他，不解地問：「你怎麼會睡在這裡，不是想躺在寬敞的床上舒服地睡覺嗎？」

年輕人笑了笑說：「你給我的這些已經足夠了，謝謝。」說完，年輕人頭也不回地走了。

三十年後的某一天，伯傑收到一封精美的請柬，一位自稱是他「三十年前的朋友」的男士邀請他參加一個湖邊度假村的落成慶典。

伯傑欣然前往。在那裡，他不僅領略了眼前典雅的建築，也見到眾多社會名流。接著，他看到了發言的莊園主人。

「今天，我首先要感謝的就是在我成功路上，第一個幫助我的人。他就是我三十年前的朋友——伯傑……」他在眾多人的掌聲中，走到伯傑面前，緊緊地擁抱他。

此時，伯傑才恍然大悟，眼前這位名聲顯赫的大亨，原來就是三十年前那位貧困的年輕人。

心態決定你的未來

《心靈雞湯》中，有一篇關於打算自殺的小男孩的故事。原本對生活心灰意冷的小男孩，因爲回家途中碰到一位同學幫忙自己拾起掉落在地上的書本，

而改變自殺的念頭。

只是一個簡單的小動作，就可以拯救一條寶貴的生命。

舉手之勞對你我來說可能只是幾秒鐘的事情，卻可能影響他人的一生。

伯傑讓年輕人在大房子裡住宿的那個夜晚，給予了年輕人日後奮鬥的勇氣和希望。當伯傑把年輕人帶進寢室的那一瞬間，讓他相信了自己的夢想一定會成眞的一天。

一句話、一個眼神、一個動作，都會讓人產生兩種完全不同的想法。人可能因爲一個輕蔑眼神而奮發圖強，也可能從此自甘墮落、一蹶不振。

可以肯定的是，溫暖的手會帶人走到陽光之下，能夠讓人知道，壞事絕對沒有自己想的那麼壞。

如果一個不經意的小動作都可以影響到陌生人，那麼對於自己親愛的家人和朋友，是否要多付出一點關懷和溫暖呢？

PART 3

讓偶然的經驗成爲成功的關鍵

成功或許很不容易，但也不完全是偶然。
獲得成功的方法，無非是當運氣來臨時，
你也剛好抓住它。

真正行動，才能靠近成功

思考與實踐同等重要。一塊石頭加上一點想法，就有可能會變成城堡。別說你想做什麼，先想一想你已經做了些什麼。

一個年輕人問蘇格拉底：「您能夠成爲這麼知名的思想家，請問您認爲成功的關鍵是什麼呢？」

蘇格拉底回答：「多思多想。」

年輕人把這句話記在腦子裡，回家以後，整天躺在床上，望著天花板，一動也不動，只任由腦袋胡思亂想。

一個月之後，年輕人的妹妹來到蘇格拉底的家裡，向他求救說：「請您去看看我哥哥吧，他自從來拜訪過你以後，就像中了邪一樣，什麼事不做，整天把自己一個人關在房間裡。」

蘇格拉底於是來到年輕人的家中，看見年輕人面黃肌瘦，一點年輕人該有的朝氣也沒有。

年輕人一看到蘇格拉底，頓時眼睛一亮，急切地問蘇格拉底說：「我現在每天除了吃飯睡覺以外，把剩餘的時間全都用來思考，您認爲我一直這樣下去的話，要多久才能成爲偉大的思想家呢？」

蘇格拉底反問他：「你每天把自己關在房間裡，都在想些什麼東西呢？」

「我什麼東西都想，想到腦袋都快要裝不下了！」

「是嗎？」蘇格拉底不以爲然地說：「我看你的腦袋除了長頭髮之外，還多了不少垃圾呢！」

「什麼？垃圾？」年輕人滿臉疑惑。

蘇格拉底於是說：「光想不做的人，就算想得再多，也只是在腦袋裡囤積垃圾而已。成功是一把梯子，雙手插在口袋裡的人，是永遠爬不上去的。」

心態決定你的未來

「坐而言，不如起而行」、「一個實踐，勝過一百個理論」……許多格言都告訴我們，思考固然可以幫助你創造一套最好的成功模式，但是唯有動手實踐，才能把你腦袋裡的東西擺到眼前。

一位管理大師說過：「光想不做，不成功；光做不想，做不大。」成功是要起身動手實踐的。假使只是在腦中計劃，光說不練，那不是跟守株待兔一樣愚蠢嗎？

思考與實踐同等重要。一塊石頭加上一點想法，就有可能會變成城堡。同樣的，想出來的東西或許是垃圾，但是只要努力去實踐，就有機會變成黃金。

別說你想要做什麼，請先想一想你已經做了些什麼。

讓偶然的經驗成為成功的關鍵

成功或許很不容易，但也不完全是偶然。獲得成功的方法，無非是當運氣來臨時，你也剛好抓住它。

古埃及時代，有位貴族宴請賓客，在一個重要的場合中，有一名廚師因爲太過緊張，竟不慎將一盆油灑在炭灰裡。

廚師一邊在心裡譴責自己，一邊清理那堆沾滿油脂的炭灰。

事後，當他準備要把沾了油脂和炭灰的雙手洗乾淨的時候，奇妙的事情發生了！平時最難洗的油污，這一次竟然很快就洗乾淨了。

聰明的廚師沒有讓這個機會白白溜走，馬上叫來其他廚師，讓他們也嘗試

這種炭灰洗手的新發現，結果成效卓越，人類歷史上最早的肥皂於焉誕生。

如果你認爲這只是偶然之中的偶然，那麼請繼續看看下面這則故事。

喬治是一名在酒吧打工的年輕人，每天負責的工作就是把廠商送來的酒，按不同的品種分別倒進相應的大酒缸裡，再賣給客人。

雖然喬治非常用心想要做好這份工作，但還是難免會犯錯。一次，他因爲超時工作，實在太疲倦了，迷迷糊糊中，竟把酒倒錯了缸子，使得A品牌的酒和原來酒缸裡B品牌的酒混在一起。

喬治發現他的失誤之後，害怕得說不出話來。他知道這兩種酒非常名貴，如今他只能等著被炒魷魚和扣薪水。

就在這個時候，正好有一名顧客指定要喝這種酒。喬治還來不及向同事宣佈他幹下的蠢事，他的同事就已經舀了一杯酒，端到客人面前。

站在一旁不知所措的喬治已經準備好要迎接客人的痛罵，沒想到客人喝了一口混合在一起的酒之後，竟然讚不絕口，一連點了好幾杯。

這次機會使喬治靈光一閃：爲什麼不把不同的酒混在一起，調成與衆不同，別的地方買不到的酒呢？

經過一段時間的試驗之後，喬治的特調雞尾酒上市了，這種酒一出現，立刻取代傳統酒的位置，成爲顧客的新寵，喬治也因此由小小的夥計搖身變成收入豐厚的大老闆。

心態決定你的未來

英國醫學家弗萊明曾經說過一句名言：「不要坐著等待運氣降臨，應該要努力去掌握機會。」

成功或許很不容易，但也不完全是偶然。獲得成功的方法，無非是當運氣來臨時，你也剛好抓住它。

換句話說，那些不成功的人，不是因爲沒有運氣，而是因爲他們沒有好好捉到自己的幸運。

在這個無奇不有的城市裡，每天都有許多新鮮事在我們身邊發生，有的人從中發掘靈感，有的人卻只是任由歲月流逝。有人因而改變世界，有人卻依舊坐在那兒感嘆時運不濟。

你是哪一種人？又想要當哪一種人？

所有廣闊的事業版圖，其實都是從一個小點開始擴張的。我們該做的，是不要錯過生命中的任何一個小點，那或許只是個偶然的經驗，但說不定會是千載難逢的成功機會。

相信自己，能面對任何打擊

一個有自信的人，面對挫折打擊的時候能夠表現得比較堅強，因為他永遠不會放棄希望。

美國著名女演員蘇尼亞．史密斯小時候在渥太華郊外的一座牧場生活。一天，她放學回家以後，哭哭啼啼跑回家裡。父親問她出了什麼事，蘇尼亞嗚咽著說：「班上一個女生說我長得很醜，還說我跑步的姿勢很難看。」

父親聽了以後，並沒有做任何表示，只是忽然對女兒說：「我能摸得著咱們家的天花板耶。」

蘇尼亞哭得正傷心，不懂父親為什麼在這個時候突然說這種話，於是反問

道：「你說什麼？」父親再度重複一遍，以十分肯定的語氣說：「我說，我能摸得著咱們家的天花板。」

蘇尼亞懷著半信半疑的態度抬頭看看天花板，那將近四公尺高的天花板，父親怎麼可能會摸得到呢？

父親看著她疑惑的神情，笑著說：「妳看吧，既然我說的話妳不相信，那麼妳也別信那女孩的話，因爲有些人說的話並不是事實。」

心態決定你的未來

看了這則故事，讓人覺得蘇尼亞的父親眞了不起，簡簡單單的一句話，就幫助女兒找回了自信。

缺乏自信是現代人的通病，一名教育家曾調侃說：「台灣的教育讓成績優異的孩子缺乏自信，讓成績平庸的孩子非常自卑。」不禁令人心有戚戚焉。

自信是成功的基石，也是父母給孩子最好的禮物。

一個有自信的人，不會在意外界對他的褒貶毀譽，因爲心中清楚自己是塊什麼料，他人隨口的言論，不代表絕對的價值。

一個有自信的人，面對挫折打擊的時候能夠表現得比較堅強，因爲他永遠不會放棄希望，深信自己只要努力不懈，肯定會有個美好的未來。

一個有自信的人，能夠勇敢跨出步伐，往目標邁進。因爲他相信自己做得到，所以眞的成功了。

所謂的自信，其實就是對自己有足夠的了解。了解自己的長處，同樣也了解自己的短處，如此才能充分發揮長處，同時也可以坦然接受短處。

自信心是靠後天培養的。把別人比下去只會帶來優越感，並不會讓自信心增強。一個眞正有自信的人，不會輕易和他人比較，因爲他心裡明白，無論是比輸或比贏，這個世界都再也找不到第二個他。

換個念頭，就會發現每個人都是獨一無二的，每個人都有機會在這個世界發光發熱，只憑這一點，我們就有了自信的理由。

自己的人生，要由自己決定

生命要靠自己琢磨出味道，未來也只能依靠自己的雙腳前進。要如何邁出步伐，是由自己做決定。

托馬斯．S．艾略特是位著名的詩人，他的詩歌《荒原》奠定他在詩壇上的重要地位，也開創了西方現代詩歌的新視野。

艾略特於一九二七年加入英國籍，一九四八年獲得諾貝爾文學獎，聲名顯赫一時，吸引許多文壇新秀崇仰，莫不以他爲典範。

一次，有位二十二歲美國詩人剛從哈佛大學畢業，準備啓程前往牛津深造。面對茫茫的未來，年輕詩人感到既困惑又迷惘。

在一次偶然的機會下，年輕詩人認識了鼎鼎大名的艾略特，就好像是在廣闊大洋中尋獲陸地一般，心中非常欣喜，期望這位前輩能夠給他一些建議，爲他指點未來的明路。

艾略特想了想說：「四十年前，我從哈佛去牛津。現在，你也要從哈佛去牛津。我能給你些什麼忠告呢？」正當年輕人屏氣凝神，準備洗耳恭聽時，艾略特停頓了片刻，緩緩地說道：「千萬記得帶長袖內衣。」

連諾貝爾獎得主都不敢輕易給人忠告了，平凡如我們，又有什麼資格隨便插手他人的事？

我們都曾年輕過，面對不可測的未來，難免懼怕怯懦。這時若有成功人士願意給予幫助，我們是否會毫不猶豫地盲從呢？

一句正確的忠告足以扭轉一個人的一生，反過來說，一個錯誤的建議也可

能會引導他步向毀滅。幫助迷途羔羊的方式不是告訴他終點在哪裡，而是要引導他找出自己眞正想走的路。

年輕人凡事應該多參與、多學習、多體驗，不害怕失敗，不害怕重來，慢慢就會出人頭地。

人要成長，需要不斷嘗試，多做、多說、多看、多用心想，這就是經驗的累積。生命要靠自己琢磨出味道，未來也只能依靠自己的雙腳前進。要如何邁出步伐，是由自己做決定，我們才是自己人生的主宰。

當身邊的人陷入迷惘時，不要太過熱心地貢獻「你的」看法、「你的」意見，而是要幫助他傾聽自己內心的聲音，幫助他找出心中眞正的想法。

這樣才是眞的在幫他。否則，不管提供多好的意見，都只是希望他依照你的方式過生活！

想出人頭地，要避免多疑

有了疑心，應該提出來問清楚，否則，把它放在心裡面，不但個人智慧不能增長，未來更無法出人頭地。

美國總統安德魯·傑克遜在妻子死後，對自己的健康狀況變得異常擔憂，由於家中已經有好幾個人死於癱瘓性中風，傑克遜非常害怕自己也會遭受同樣的病症。他一直生活在這樣的陰影之下，認爲自己中風只是遲早的事。

一天，他在朋友家和一位年輕的小姐下棋。突然間，傑克遜臉色蒼白，不停的喘氣，使勁的想要把手舉起來，可是身體卻僵硬得不聽使喚。

他的朋友見狀，趕緊來到他身邊。

傑克遜喃喃地說：「唉，該來的還是會來的。我中風了，整個右側身體都不能動了。」

「你是怎麼知道的呢？」朋友問。

傑克遜答道：「剛才我在右腿上捏了幾次，可是卻一點感覺也沒有。」

「那是因爲……」正在和傑克遜下棋的那位小姐紅著臉說，「先生，您剛才捏的是我的腿啊！」

心態決定你的未來

好萊塢電影〈毒鑰〉在海報上打出一句廣告詞說：「只要深信不疑，所有的恐懼都會成真。」

生命中總有大大小小的恐懼盤據在心上，其實許多是胡亂猜測而信以爲眞，這些都是心理作用，是「疑心生暗鬼」。很多時候，我們會因爲情緒變動，心裡會無端生出許多負面思想，即使知道那不一定是事實，內心仍然會受到影響，表現因而失控，讓生活變質。

當一個人滿腦子裝的都是一些負面思考，成天憂心忡忡，擔心這個擔心那個，能夠不生病嗎？可笑的是，若有一天眞的生病了，想的絕不會是：「唉，我眞不應該擔心這麼多！」而會是：「看吧，被我料中了吧！」

許多專家懷疑，那些住在高壓電塔附近的居民特別容易生病，或許不是因爲高壓電本身的關係，而是因爲他們總是擔心自己會受到高壓電影響的關係。

原來，最傷我們身體的，其實是我們的心。

有了疑心，應該提出來問清楚、說明白，否則把它放在心裡面，不但個人智慧不能增長，人際關係也會出現阻礙嫌隙，未來更無法出人頭地。

既然該來的總是會來，想擋也擋不住，那麼就別再自己嚇自己了。應該好好把握當下，在它還沒發生之前，盡情地享受每一段歡樂時光。

生命的支配權在自己手中

生命的長短不應任由命運來決定，支配權掌握在自己的手中，假使冀望美好的未來，就應該驅散心中的烏雲，把握當下。

安妮是個盲人，但卻努力活得和一個正常人一樣。每到黃昏，她習慣獨自一人拿著手杖外出散步，雖然看不見夕陽，但可以感受到它的溫暖。

安妮對這條散步的路線非常熟悉，這麼多年以來，她從來沒有迷路過。

只是一天，路旁的一些松樹被砍倒了，安妮一向用路邊的東西來判斷位置，如今她的手杖觸不到那些熟悉的松樹，令她一時之間慌了手腳。

驚慌之餘，安妮努力讓自己鎮定下來，屏氣凝神地靜聽一會兒，卻聽不到附近有其他人的聲音。她只好勉強摸索著向前走，走著走著，居然聽見自己的腳下有流水聲。

「水？怎麼會有水？」安妮驚慌失措地大叫，「糟了，我一定是迷路了，現在的我八成是站在一座橋上，而且腳下還有一條河。這個地方我從來沒有來過，我要怎麼樣才能回去呢？」

此時，突然有名男子走了過來，友善地對她說：「妳好，請問我能幫助妳嗎？」安妮於是在這名男子的幫助下，平安回到家裡。

回家之後，安妮邀請那名男子進屋子裡喝茶，並向他表示深深的謝意。沒想到男子卻回答說：「別謝我，是我應該謝謝妳才對！」

「喔？爲什麼要謝我？」安妮十分驚訝。

那男子於是說，「老實告訴妳吧，在我遇到妳之前，其實我已經在那條橋上站了很久很久，當時我一心想要跳到河裡把自己淹死，但是不知道爲什麼，我現在已經不想那麼做了。」

心態決定你的未來

「活著做什麼？」這是許多現代人共同的疑問。

生活中，人難免遇到挫折與困難，容易產生輕生的念頭。爲自己而活或許很難，但若換個角度，嘗試爲他人而活，說不定就不會感到這麼困難了。

當覺得自己很脆弱的時候，想想身邊是否還有許多更脆弱的人，孤獨感自會漸漸消散。當覺得自己很無助的時候，去想想這個世界還有許多人更無助，自然就會找到力量。

不妨逆向思考，人爲什麼不活著？或許現在遭遇到挫折與失敗，心中的石頭壓得生活喘不過氣，但生命的長短不應任由命運來決定，支配權永遠掌握在自己的手中，假使冀望美好的未來，就應該驅散心中的烏雲，把握當下。

活著不爲成功，不爲富貴，活著只是爲了完成未完成的夢想。或許抱著這樣的信念活著，會活得比現在更成功、更富有、更幸福，也更快樂。

鼓勵可以激發能力

鼓勵遠比責備更加有用。責罵一個人，頂多只是讓對方知道他做錯了什麼，但鼓勵一個人，卻可以讓對方知道他還能做什麼。

莎麗是個日本女孩，十歲的時候，舉家移民到美國。

她原本以爲到了美國之後，能夠過著好萊塢電影裡的那種悠閒生活，沒想到她面臨的卻是文化差異之下帶給她的種種難題。莎麗過得很不快樂，尤其是在上體育課的時候，所有同學排球都打得很棒，好像已經打了一輩子的排球一樣，只有她對排球一竅不通，而且越來越深惡痛絕。

一天下午，體育老師示意莎麗把球傳給隊員，好讓對方練習扣球。

這麼一個簡單的小動作卻令莎麗感到非常恐懼，她擔心自己連這麼基本的動作都做不好，將會受到衆人的嘲笑。

此時，一個男同學大概看出她的心思，走到莎麗的身邊，小聲地對她說：「放心吧，妳行的！」

那短短三個字給了莎麗很大的勇氣，她不知道從哪兒來的信心，一整節課都在傳球，而且傳得越來越好。

現在的莎麗已經完成學業，回到了日本，從事行銷工作。她說，現在只要當她遇到困難時，就會想起「妳行的」這三個字，激勵自己勇往直前。

心態決定你的未來

那名男同學一定不知道這麼簡單的一句話，就改變了一個女孩的一生。

缺乏信心，將使心中產生恐懼，讓自己承受無盡的壓力與猶疑。每個人天生都渴望得到他人的讚賞，同樣的，也都懼怕責難。

但在現實社會裡，往往責備多於鼓勵，令人不僅能力無法發揮，甚至信心也都枯萎。假使你也曾經嚐過膽怯無助的滋味，那麼應該知道，人在感到恐懼無助的時刻，是多麼需要他人的鼓勵。

有位EQ大師說：「如果想毀掉一個人，那就儘管責備他；如果想拯救一個人，那就試著去鼓勵他。」

可見鼓勵遠比責備更加有用。責罵一個人，頂多只是讓對方知道他做錯了什麼，但鼓勵一個人，卻可以讓對方知道他還能做什麼。

天底下再也沒有比鼓勵更便宜卻珍貴的禮物。培養鼓勵別人的美德，不但可以帶給別人信心，而且還可以看見別人的優點，讓人際關係更加美好。

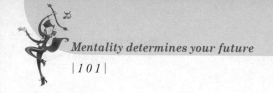

志向高遠，成功就會高遠

成功的人永遠不會滿足於現狀，因為他們知道，如果不能保持領先，很快就會被後浪淹沒。

史蒂芬教授向來以愛提問的上課風格聞名校園。

一次在課堂上，教授問道：「世界第一高峰是哪座山？」

這麼簡單的問題當然難不倒台下的大學生，大家漫不禁心地回答：「珠穆朗瑪峰。」

教授緊接著問：「世界第二高峰呢？」

這下子，學生們不禁皺起眉頭，面面相覷，努力思索仍想不出答案。

有人辯稱道：「課本上沒寫，我們怎麼會知道！」

教授氣定神閒地繼續問道：「那知道史上第一個進入太空的人是誰嗎？」

這一次，沒有人敢回答了。雖然大家都知道正確答案是加加林，可是大家都擔心教授會接著問第二個人是誰。

此時，教授轉過了身，在黑板上重重地寫下了一行字：「屈居第二與沒沒無聞毫無差別！」

教授接著說，在他的教育生涯中，他注意到，有的學生偏愛坐前面的位置，有的學生隨便坐什麼位置都可以，還有一些學生似乎特別喜歡坐在教室的後面。他曾特別記下這些學生的名字，結果十年之後，可以很輕易地發現：愛坐前排的學生當中，事業成功的機率比其他兩類學生都高出許多。

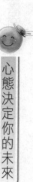

心態決定你的未來

一個沒有志氣的人，就像沒有根的浮萍，失去了根本，迷失了方向，只能

隨波逐流。這樣的人不論身處何處，都只能居於末流，永遠站在他人身後。

具有遠大志氣的人，擁有足夠信心，堅強的意志和毅力，面對事情，全身充滿鬥志，不怕跌倒，不怕失敗，因此做什麼事情都容易出頭。

站在高處的成功者都有甘於吃苦耐勞、不怕困難和勇於面對挫折的強烈信念在支撐著，這種強烈的信念正是他們心中動力的源泉所在。胸無大志者忙碌一生終難成大事，只有壯志在胸者才會造就輝煌的業績和圓滿的成果。

成功的人永遠不會滿足於現狀，因爲他們知道，如果不能保持領先，很快就會被後浪淹沒。成功的人永遠不會只想做老二，因爲，如果目標只在第二名，前方很快就會出現許多個第一名，到最後，自己連前十名都排不進！

人生之旅就像是攀登一座高聳入雲的山，山勢陡峭險峻，只有志在必得者，才能成爲頂峰上的第一人。

PART 4

要出頭，小事也要用智謀

把握每一次出擊的機會，

從生活中的小細節開始落實腦中的想法，

才有機會出頭、引起注意。

只知投機便無法得利

眼前的目標固然重要，但許多功夫就像熬煮高湯，需要細火慢燉，才能使這鍋湯香醇美味，急功近利會導致功敗垂成。

傳說大西洋有座海島，佳木秀樹，流水潺潺，景色美不勝收。因爲人煙罕至，不僅珍禽異獸聚集，且礦產豐饒。尤其島上所產的珍珠，色澤滑潤，粒粒晶瑩，使許多富商爭相競購。

然而，這座海島周圍暗礁四伏，鮮少有人能夠接近這個海島。平常能往來於這座海島的，只有棲息在相鄰海岸的海鳥。

有許多投機之士會特地守在岸邊，捕殺從海島飛回岸邊的海鳥，因爲這些海鳥飛到島上覓食時，往往會把珍珠吃進肚子裡。久而久之，海鳥漸漸絕跡，碩果僅存的海鳥早已學到乖，只要一聞到人類的味道，瞧見疑似人類的身影，就會飛得遠遠的，不讓人類有可乘之機。

一個聰明的商人聽聞這個情況後，連夜思索對策。某晚他靈機一動，想到一個好點子，趕早起身進行他的成富大計。

他在海岸附近買下了一大片樹林，並在樹林周圍裝上柵欄，不讓任何閒雜人等走進樹林。同時，他也嚴正警告看守樹林的人，不准捕捉或驅趕海鳥，也不准出聲驚嚇他們。

經過一段時日後，海鳥發現海岸周圍的地方經常都會傳出槍聲，只有商人這處樹林是最安靜且最安全的，於是漸漸習慣在他的樹林裡棲息，商人也開始在樹林裡施撒各式各樣美味的果實，作爲海鳥的食物。

海鳥看見白吃的午餐，當然毫不客氣地飽餐一頓。大飽口福後，很自然地把肚子裡的珍珠全都拉了出來。

商人就這樣不動干戈地得到他想得到的東西。

心態決定你的未來

有句話說：「將欲取之，必先予之。」強取豪奪所得有限，若放低姿態，爲對方著想，以迂爲進，對方才會乖乖繳械。

好比金錢交易，買者如果不喪失金錢，就不能取得貨物；賣者如果不喪失貨物，也不能取得金錢。同樣的，以休養生息來看，睡眠與休息都會喪失不少時間，卻換得來日工作的精力，有喪失才能不喪失。

眼前的目標固然重要，但許多功夫就像熬煮高湯，需要細火慢燉，才能使這鍋湯香醇美味。開創事業也是相同道理，急功近利會導致功敗垂成，只有經過不斷付出與經驗積累，努力的每滴心血才會凝聚成光彩奪目的寶石。

用創意化解危機

只要能換個念頭，享受生活，就會發現無盡的創意盤旋腦中，進而運用這些創意解決生活中的大小問題，化解各種危機。

三個著名的演員應邀到一個劇場同台演出。

他們個別向劇場經理提出了一個相同的要求，就是要在宣傳海報上，把自己的名字排在最前面，否則，他們將用拒絕演出來抗議。

這三名演員破天荒同台獻藝的消息早已在報刊雜誌上登得沸沸揚揚，絕不能有開天窗的情況發生。更何況，這三名演員都是紅極一時的明星，不管得罪哪一個，都會對劇場未來的發展有影響。這眞是個棘手的問題啊！不過，劇場經理終究還是想出法子來了！

正式演出那天，三名演員到劇場一看，這次的宣傳海報不是傳統的一張大紙，而是一個不斷轉動的大燈籠。三個演員的名字都寫在燈籠上，名字順著燈籠轉，無分先後，誰都可以說自己的名字是排在最前面。

他們三個於是高高興興地做了一場完美的表演。

心態決定你的未來

這個劇團經理是不是很有創意呢？面對困境，急中生智，運用一個小創意，就能輕易化解可能無法收拾的危機。

創意，是個難以捉摸的精靈，無法預測它會何時出現，會帶給我們怎樣的啓示？當我們想要補促它時，卻往往找不到它的身影，只好嘆吁不止。

美國當代知名編舞家崔拉．夏普（Twyla Tharp）說：「我的工作十分需要創意，思索創意讓我感覺到自己的存在，生活也豐富多采，但卻也讓我痛苦不堪。在三十多年的編舞生涯中，我終於明白，只有把創意視為生活的一部分，當作一種習慣時，才能真正的擁有創意。」

其實，創意就埋伏在日常生活的每個角落。只是缺乏用心品味生活之人，無從發現創意的蹤跡。

大凡文人墨客，都有顆敏銳的心靈。一陣清晨的小雨，一朵玫瑰的綻放，皆會引起無限感懷。他們用心體會周遭的細小事物，靈感創意便源源不絕。

倘若總是在抱怨缺乏創意，感嘆生活煩悶無新意，或許是因爲我們總是盲目地「過日子」，而不是用心地「享受生活」。

創意不會憑空而來，因爲它一直都在身邊，等待有心人認眞體悟。只要能換個念頭，享受生活，就會發現無盡的創意盤旋腦中，進而運用這些創意解決生活中的大小問題，化解各種危機。

要出頭，小事也要用智謀

把握每一次出擊的機會，從生活中的小細節開始落實腦中的想法，才有機會出頭、引起注意。

越戰期間，好萊塢曾經舉辦一場募捐晚會，然而，由於當時的反戰情緒激昂，所以這場募捐晚會以一美元的所得收場。

既然所有人都不願意捐款，那麼，這募得的一美元究竟是怎麼來的呢？

據說，這唯一的一美元是由一名叫做卡塞爾的小夥子募得的，在晚會現場，卡塞爾讓大家選出一位漂亮的姑娘，然後由他來拍賣這位姑娘的吻。最後，他終於募到難得的一美元。

這區區的一美元當然對戰事起不了明顯作用，但是，當好萊塢把這一美元寄往越南前線時，美國各家報紙都對這項消息進行報導，卡塞爾一舉成名。

有人把這件事當作對戰爭的嘲諷，也有人把它當成一個笑話看。但是德國的獵人頭公司卻看上卡塞爾的靈活頭腦，建議一家日漸衰落的啤酒廠聘請卡塞爾做顧問。果眞，卡塞爾到任啤酒廠之後，開發出前所未有的美容啤酒和沐浴用啤酒，令啤酒廠一下子從沒沒無聞變成全球最大。

卡塞爾最爲人稱道的一項行爲是在一九九○年，以德國政府顧問的身分主持拆除柏林圍牆的典禮。這一次，他腦筋一轉，讓柏林圍牆的每一塊磚頭都變成了收藏品，建造柏林圍牆的磚頭一共有兩萬多塊，卡塞爾因此創下了城牆售價的世界紀錄，讓他享譽全球讚賞。

心態決定你的未來

謀利活動是人們有意識、有目的地謀取某種利益的活動。亦即人們在一定

利益動機的驅使下，在某種利益認識的反映引導下，持久地追求利益的社會活動。謀求利益的活動是實現利益的工具和手段，而創意就是謀利的重要手段。

相信每個人都了解「有好創意就有好生意」的道理，然而，很多人都有創意，卻很少有人懂得把握機會發揮創意。

目前在音樂界擔任創意總監的胥大維說：「每個人的智慧、體力都是有限的；可是，每個人的創意、構想卻是無限的。差別只在懂不懂得如何去運用構想、啟發創意、尊重創意，進一步將創意發表、呈現與執行。因為無論是多麼精妙的點子，若沒有被實踐，就等於不曾誕生在世上。」

若真有滿肚子的鬼點子，卻苦於沒有表現的機會，不妨換個想法，好好把握每一次出擊的機會，從生活中的小細節開始落實腦中的想法。

唯有先把小事情做得有聲有色、與眾不同，才有機會出頭、引起注意，進而能夠發揮心中無與倫比的大創意。

想出人頭地，必先腳踏實地

想要出人頭地，不需要多大的天賦，也不需要多少的運氣，需要的只是腳踏實地，訂立周詳的計劃，積極地向目標邁進。

納爾遜中學是美國歷史最悠久的中學之一，是第一批登上美洲大陸的七十三名教徒共同集資創辦的。

這所中學的大門口擺著兩尊用蘇格蘭黑色大理石雕成的雕塑，左邊是一隻蒼鷹，右邊則是一匹奔馬。三百多年來，這兩尊雕塑成為納爾遜中學的精神象徵，每個有關學校的紀念品上，都不忘刻上或印上這兩尊雕像的圖樣。很多人想當然耳的以為，蒼鷹代表「鵬程萬里」，駿馬則代表「馬到成功」。然而，很少人知道，這兩尊雕像的緣起根本不是那麼一回事。

那隻鷹代表的不是「鵬程萬里」，牠其實是一隻被餓死的鷹。這隻鷹爲了實現飛遍世界的遠大理想，苦心學習各種飛行的本領，結果卻忘了學習覓食的技巧，所以才剛踏上征途，不到一個星期就被餓死了。

這匹馬其實也不是什麼千里馬，牠是一匹被剝了皮的馬，原本生長在一位磨坊主人的家裡，後來，牠嫌主人給的工作太多，乞求上帝把牠換到一位農夫家裡，上帝答應牠的願望，可是沒多久，牠又嫌農夫給的飼料太少。最後，牠到了一位皮匠家裡，在那兒，牠什麼活兒也不用做，皮匠給的飼料又多又香，可是沒有幾天，牠的皮就被剝了下來。

當初創校的七十三名教徒之所以把這兩尊雕塑佇立在學校大門口，爲的就是時時提醒學生們：「踏實、勤勞」。

很多人都懷著展翅高飛、成爲人上人的夢想，但很少人能眞正領悟到成功的秘訣。成功的秘訣是什麼呢？其實就是「踏實、勤勞」。

想要出人頭地，不需要多大的天賦，也不需要多少的運氣，需要的只是腳踏實地，訂立周詳的計劃，積極地向目標邁進。

勤奮是通往榮譽的必經之路，那些試圖繞過勤奮的人，必會被榮譽拒於門外。投機取巧永遠都不會到達成功之門，偷懶之人更是永遠沒有出頭之日。

或許在失意時，難免會放棄努力，一心冀望幸運之神的眷顧。可是請不要再自欺欺人了，任何人都知道，與其去等待不見得會降臨的機遇，還不如起而行，動手塑造自己的未來。

倘若總是爲一時的失敗而感嘆，不妨捫心自問：是不是太好高騖遠？是不是太懶惰大意？

若是答案都是否定的，那麼相信你其實已經離成功不遠了。

與其羨慕別人，不如謹守本分

與其羨慕他人，不如把目光從別人身上收回來，踏踏實實地盡自己的本分，別做無謂的比較，才能使每天的生活都充實愉快。

從前，在俄國的克里姆林宮有位非常盡責的清潔工，當別人問她對自己的工作有什麼看法時，她說：「我的工作其實和葉爾欽差不多。葉爾欽是在整理俄羅斯，我則是在整理克里姆林宮。每個人都是在做好自己應該做的事。」

老清潔工的比喻非常幽默，卻也發人深省。

很多人都想成就一番大事業，飛黃騰達，但是很少人能夠用做大事的心態去面對生活周遭的小事。

老清潔工清楚了解，她的身分地位或許不能和總統相提並論，但是她認眞工作的態度足以媲美總統。

抱著這樣的態度工作，還有什麼事情是做不好的呢？抱著這樣的態度工作，怎麼可能不樂在其中？

心態決定你的未來

人生要盡本分，才能得本分。人生在世，必得感恩珍惜時間和空間，因爲生命的意義不在於長短，而是在於能否盡守本分，發揮良能。

如果你工作兢兢業業，卻不受上司重用，難免會覺得自己沒有獲得公平的待遇。在這種處境中，對人體健康也產生不利的影響，而且會扼殺聰明才智與創造才能。每個人在社會上都有著不同的位置。與其去羨慕別人的位置，不如做好自己的本分，站穩自己的位置。畢竟，我們不能改變自己身處的環境，我們只能改變自己的心境。

人性的弱點之一，就是「愛計較」，許多壞心情都是來自於相互比較。要了解，天底下的事很難公平，比較得多，難免心生怨恨。在心生怨恨的同時，人們也會忘了，天底下本就沒有十全十美的事。

每人都有足以自豪的長處，自然也有不願被探知的短處。然而，我們總是習慣將自己的短處和別人的長處相比較，殊不知，這種比較只會使人更加不平衡。一般而言，得到的金錢和所付出的努力是成正比的。所以，不要急著羨慕別人拿了多少，要先思考他們付出了多少艱辛，克服了多少困難。

若只一味看到他人的成功與優渥生活，不明白其中辛酸，這種比較只會更讓人心生不滿，整天唉聲嘆氣。

與其羨慕他人，不如把目光從別人身上收回來，踏踏實實地盡自己的本分，別做無謂的比較，才能使每天的生活都充實愉快。

換個念頭，忽略工作的苦頭

換個念頭，忽略工作帶來的苦頭，多往好的方向想，會發現生活其實沒有預期的糟糕，工作不是人生的全部。

美國著名的黑人女作家托妮·莫里森，於一九九三年獲得諾貝爾文學獎。莫里森年輕的時候，家境非常貧困，從十二歲開始，每天放學以後都要到一個富人家裡，去做幾個小時的幫傭。

富人待她十分苛薄，給的薪資又十分低微。一天，莫里森下班以後，忍不住回家向父親發了幾句牢騷。

父親聽完之後，只是輕描淡寫地對她說：「聽著，妳只是在那兒工作，並

不在那兒生活。妳生活在這裡，在家裡，和妳的親人在一起。所以，妳只管到那裡去工作就行了，然後拿著錢回家來。」

這番話從此改變了莫里森的人生觀，從這段話中，她明白了幾項道理：

一、不管什麼樣的工作都要做好，工作不是為了老闆，而是為了自己。

二、掌握你自己的工作，而不讓工作掌握你。

三、你真正的生活是與你的家人在一起。

四、你，和你所做的工作是兩回事，不管你做什麼樣的工作，都不會改變你其實是個什麼樣的人。

長大以後的莫里森，做過各式各樣的工作。有的雇主很聰明，有的雇主很愚蠢；有的老闆心胸寬廣，有的老闆斤斤計較。

但是，她再也不會爲這些事情煩惱了。

要克服生活的焦慮和沮喪，得先學會做自己的主人。老闆不過是管理你工作的人，他擁有的權力也只限於工作內容，只有你才可以主宰自己的生活與情緒。工作只不過是爲了餬口的一種手段，身爲擁有自由意識的人類，無論從事的是何種工作，都可以選擇自己想要的生活。

對於自己的工作，愛與厭、苦與樂，存乎一念之間。有人成天鬱鬱寡歡，抱怨自己的工作不好；有人天天心情舒暢，把工作當享受。

心態決定你的未來，將生活中的每一處黑點放大，只會讓日子變得烏雲密佈，不如換個念頭，忽略工作帶來的苦頭，多往好的方向想，會發現生活其實沒有預期的糟糕。

無論是好日子、壞日子，總要過日子。不管好工作、壞工作，其實都只是工作而已。記住，工作只是生活的一部分，並不是人生的全部，也千萬不要讓它變成你的全部。

面對挫折，才能發光發熱

不管上天給予我們多少考驗，只要懷著感恩的心，便會發現，所有的考驗都有個終點，而且希望的光點，永無止盡。

一次期末考，小明考得不如預期。

雖然成績仍是不錯，在班上排名第六，但心高氣傲、對自己要求極高的小明怎麼可能爲此感到滿足？他不停地在心裡生著自己的悶氣，不斷想著：要是作答的時候再細心一點就好了，要是平時再多努力唸書就好了……

父親注意到小明愁眉苦臉的樣子，問起在學校裡的生活，小明聳聳肩膀，十分不悅地告訴父親：「學校的生活眞的很無聊。」

小明的父親是個鐵匠。聽了兒子如此喪氣的話之後，沒有多說什麼，只是隨手拿起一把大鐵鉗，從火爐中夾起一塊被燒得通紅的鐵塊，然後把鐵塊丟進身邊的冷水中。

「滋」的一聲，冷水瞬間沸騰，一縷白煙往空中飄散。父親指著鐵塊，對小明說：「你看，水雖然是冷的，然而鐵卻是熱的。當你把熱熱的鐵塊丟進水裡後，水和鐵就開始互相影響著對方。水想要使鐵冷卻，鐵也想使水沸騰。我們的生活，不就是這樣嗎？生活好比是這鍋冷冷的水，而自己就是那塊燙熱的鐵塊，如果不想讓自己輕易地被水冷卻，那麼，就得努力讓水沸騰！」

小明聽了，心裡有很多的感觸。他開始反省自己，而且更用心地面對生活，一心想要讓自己和鐵塊一樣，在生活中發光發熱，讓身邊的人都可以感染到他的認眞與熱情。

我們的生活不可能凡事順遂，所以應該爲自己的情緒找一個平衡點。

生活中的挫折、麻煩、不如意，常常會澆熄對生活的熱情，然而，挫折其實也是人生的一部分，正因爲有這些挫折的存在，我們才能體會出平順生活的可貴，不是嗎？如果想要好好過日子，使生命中的每一天都不會白白度過，便必須培養「活著眞好」和「感謝人生」的態度。

生活中經常發生不如意的小事，但是，明智的人總能一笑置之，因爲有些事情是無法避免、無法預測的。能補救的過失要盡力去挽回，無法轉變的只能淡然處之，最重要的是做好橫亙在眼前的事。

許多人會說：「我討厭我的生活，討厭生活中的一切。」這些人必須改變不知感恩的態度。如果我們不懂得享受已擁有的，那麼，我們很難獲得更多，即使得到心中想要的，也不會享受到眞正的樂趣。

不管遭遇到哪種不幸、必須面對何種困境，只要想到活著眞好，我們便能坦然去面對各種不如意。不管上天給予我們多少考驗，只要懷著感恩的心，便會發現，所有的考驗都有個終點，而且希望的光點，永無止盡。

想法隨時積累，才能把握機會

在日常生活中，一點一滴地累積想法，到了需要發揮的時刻，這些想法自然水到渠成，幫助我們突破困境，開創出新局面。

一家銀行要求廣告公司做出一個別出心裁、有別於以往的旅行支票廣告。銀行撥出相當大的預算給這支廣告，期待能夠爲近年來慘澹的業績帶來希望。面對這麼大的案子，廣告公司的主管感到壓力龐大。

主管特地召集所有同事，說：「這次旅行支票的廣告，務必要請你們使出渾身解數，拿出不同凡響的東西來。我打個比方好了，這個廣告一推出，就要像瑪丹娜上街一樣惹人注目。」

廣告部的同事聽了以後，個個深感壓力，大夥兒每天下班之後都聚在一起集思廣益，但總是想不出一個令人滿意的點子。

一天中午，幾位同事在外出用餐的途中，突然看到前方一片騷動，他們不禁也跟著過去湊熱鬧，看看究竟發生什麼事。

原來是警察逮捕到一個扒手，吸引了不少路人圍觀。

「看啊，這不就跟瑪丹娜上街一樣惹人注目嗎？」一位同事忍不住大叫。

當天晚上，他們就做好了這個廣告的企劃：一張海報上，圖案是一個扒手正將手伸入遊客的口袋。文字是：「你將親眼目睹一宗罪行。」接著，底下點出廣告的主旨：「使用我們的旅行支票可以預防這種罪行。」

這個廣告推出之後，立刻得到許多迴響。每個人在出外旅行之前，都不由自主的想到了這個廣告，這家銀行的旅行支票也因此被廣泛使用。

在科技發達、瞬息萬變的時代，除非人們隨時在改善、創新自我，否則「優勝劣汰」的社會規律對我們毫不留情。

因此，小到日常生活、個人發展，大到企業生存、民族危亡，都需要源源不絕的創意。我們必須了解到，當今社會，人人都離不開創意，沒有創意的生活，將牽引著我們步向危機。

創意不是需要的時候才去尋找，否則想破頭也可能擠不出個點子，平時就應該要保持思考的好習慣。

在日常生活中，一點一滴地累積想法，到了需要發揮的時刻，這些點滴想法自然水到渠成，幫助我們突破困境，開創出新局面。

做事投機，不可能長久得意

利用智慧來犯罪，或用權勢地位來掩飾罪行，並不能保證萬無一失，因為強中自有強中手，這樣的人不可能得意太久。

一名律師買了一盒極爲稀有且昂貴的雪茄之後突發奇想，爲雪茄投保了火險。結果，他在一個月之內把這些頂級雪茄抽完了，保險費一毛都還沒繳，他就向保險公司提出理賠的要求。

在申訴中，律師說這盒雪茄是在「一連串的小火」中受損。保險公司當然不願意賠償，理由是這個人是以正常方式抽完雪茄的。

律師一狀告上法院，結果出乎衆人意料，他贏得這場官司。

因爲法官認爲，此項申訴雖然非常荒謬，但是該律師手上的確有保險公司同意承保的保單，證明保險公司願意賠償任何火險，且保單裡並沒有明確指出何類「火」不在承保範圍內，因此保險公司必須賠償。保險公司自知理虧，只好同意賠償美金一萬五千元的雪茄「火險」。

當律師高高興興的將支票兌現後，接下來發生的事才更令人跌破眼鏡！

律師一踏出銀行，保險公司馬上報警將他逮捕，控訴的罪名是涉嫌犯下二十四起「縱火案」！

法庭上有律師之前的申訴和證詞，他不認罪也不行。這名律師以「蓄意燒毀已投保之財產」被定罪，要入獄服刑二十四個月，並罰款美金兩萬四千元。

再看一則小故事。

美國前總統尼克森競選連任時，由於他在第一任期內政績斐然，大多數政治評論家都預測他將以絕對優勢勝出。

然而，他卻派人潛入競選對手開會的水門飯店，在裡面安裝竊聽器，竊聽競爭對手的競選計劃，而且事發後，他又阻止有關單位進行調查。

結果，在競選勝利後不久，由於他違法的行爲被發現，被迫辭去總統職務，連任的夢想自然成爲泡影。

僥倖得來的東西，特別容易遭遇到意外。

美國總統詹森曾經說過：「有操守無知識的人，軟弱無益；有知識卻無操守的人，危險可怕。」

運用專業知識或權利來爲非作歹的人，其實是最可惡的。

換個角度思考，利用智慧犯罪，或用權勢地位掩飾罪行，並不能保證萬無一失，因爲一山還有一山高，強中自有強中手，這樣的人不可能得意太久。

「舉頭三尺有神明」、「不是不報，只是時候未到」，人眞的不能做壞事，否則等到報應降臨，怎麼死的都不知道！

PART 5

勇敢闖蕩，就有無窮希望

面對新的事物，要勇於去開拓，
在不斷挑戰新的困難時，
才能逐漸變得更加強大，變得不可替代。

用輕鬆的心境面對環境

若試著轉移焦點，去欣賞沿途的風景，就會發現目標或許遙遠，但是邁向目標的過程可以風光明媚，引人細細玩賞。

年輕時，威廉·科貝特辭去報社的工作後，就一頭栽進創作的領域裡。只是，當他成爲一個專職的寫作人後，卻發現一直無法寫出讓自己滿意的曠世巨作，這令他感到非常痛苦和絕望。

一天，威廉在路上遇到了一位老朋友，不禁吐露了自己的煩惱。

他的朋友聽了以後，提議道：「不如我們走路到我家好嗎？」

威廉想都沒有想過這種事，這位朋友的家離市區有好幾公里的路，用走路的，可能走到天黑也到不了！

朋友見他一臉爲難，便退而求其次地說：「那麼我們就到前面走走吧。」他們走著走著，一路上經過了射擊場，也經過了動物園，他們一邊看人射擊一邊聊天，一邊走路一邊研究動物。就這樣走走停停，竟然不知不覺中就走到了朋友的家裡。

被夕陽籠罩的庭園，呈現一片澄色之美。一陣輕風徐徐吹來，舒爽宜人。奇怪的是，走了這麼久的路，威廉居然一點也不感覺疲憊！

朋友說：「你要記得，不管與目標有多麼遙遠，都要學會輕鬆地走路。只有這樣，在通往目標的漫長過程之中，才不會感到煩悶，才不會覺得困難。」

威廉聽了這番話，一時茅塞頓開，不再把創作當作一件很困難很辛苦的差事，而是用最輕鬆的心情，把創作當成一種享受。

就是這種樂在工作的態度，讓他寫出了《莫德》、《交際》等一系列經典名作，成爲美國知名的作家。

心態決定你的未來

走路是辛苦的，但逛街卻是輕鬆的。

工作是辛苦的，但創作卻是愉快的。

越是感到有壓力的時候，就越應該用輕鬆的心情去面對。如果眼睛只看見目標的遙遠，而忽略豐富的過程，自然會感到困苦疲累。

若能換個念頭，試著轉移焦點，去欣賞沿途的風景，就會發現目標或許遙遠，但是邁向目標的過程可以風光明媚，引人駐足，細細玩賞。

生活是苦還是樂，其實全在於自己的心境。工作是煎熬還是享受，也在於用什麼態度去面對。

倘若是爲了餬口而工作，生活當然苦悶無趣，日子也快樂不起來。但假使留心周遭事物的變化，體會人與人之間的細微情感，欣賞物換星移的奧妙，日子就會有趣多了。

人生，由夢想組成

不管在追夢的路途上遇到多少挫折，都應該要覺得慶幸，慶幸自己還有夢，慶幸自己的人生還有希望。

英國倫敦，有位名叫斯爾曼的殘障青年，一條腿行動不便，平時連走路都很困難，但是他卻憑著堅強的毅力和信念，在十九歲時登上了世界最高峰珠穆朗瑪峰，在二十一歲時登上了阿爾卑斯山，二十二歲時登上了吉力馬札羅山，到了他二十八歲的時候，已經登上了世界所有著名的高山。

然而，就在他二十八歲那年，突然在家裡自殺了。這麼一位有著過人的決心與毅力的青年，爲什麼會選擇自殺呢？

根據記者的調查，發現斯爾曼的雙親早在他十一歲的時候就在攀登吉力馬札羅山的過程中不幸遇難身亡。他的父母曾經對斯爾曼說過，希望他將來可以和他們一樣，攀登上世界所有知名的高山。

痛失雙親的斯爾曼一直把父母的遺志作為他的人生目標，就在他好不容易實現了這個目標時，也驚駭的發現到，他的人生再也找不到其他目標了。

他不知道下一個目標在哪裡，也不知道自己應該為什麼而活下去。

他因為失去了人生目標，也因此失去了全部的人生。

心態決定你的未來

人生最幸福的片段，並不是夢想成眞的那一刻，而是實現夢想的過程。

人活著不能沒有夢想，一個沒有夢想的人活著也等於已經死了。只要心中存有希望，我們才會有活下去的精神支柱，然後再把希望化成具體的行動目標加以實現，生命才會活得精采。

每個人都有自己不同的目標，指引著人們前進的方向，決定出發的起點，釋放出熱情，使心中產生汩汩流淌的動力，進而燃燒無盡的潛力。

無論夢想有多麼遙遠，只要那個夢仍存在心中，我們就不會迷路。然而，若是有一天，心裡不再有夢的身影，抬頭望向天空，再也找不到一個目標，自然也會失去活下去的動力。

因此，不管尋夢的過程有多麼辛苦，都應該用珍惜的心情面對。

不管在追夢的路途上遇到多少挫折，都應該要覺得慶幸，慶幸自己還有夢，慶幸自己的人生還有希望。

原來，上天讓我們得不到自己想要的東西，其實不是一種虧待，祂只是讓我們還有機會能夠繼續做夢，讓我們還有理由努力去追求。

踏出第一步，是成功的基本態度

其實，做事的方法並不難，難的是做事前該有的心理準備，難的是踏出第一步所要具備的勇氣。

約翰大學畢業後的第一份工作，是進入一間小報社當記者。這天，他的上司交給他一個任務，要他去採訪當時最知名的大法官。

約翰感到非常煩惱，他想，自己不過是個剛出道的小記者，自己任職的公司不過是個二流的小報社，堂堂的大法官怎麼可能會接受他的採訪呢？

同事史蒂芬知道他的煩惱後，對他說：「我知道你在害怕什麼，可是害怕於事無補，你現在的狀況，就好比躲在陰暗的房子裡，不斷想著外面的陽光有多麼熾烈，解決這個問題最簡單有效的方式，就是往外跨出第一步。」

說完，史蒂芬拿起桌上的電話，查詢大法官的辦公室電話幾號。接著，他打電話到大法官的辦公室，對著大法官秘書直接了當說：「您好，我是《明星報》的記者約翰，我想要訪問大法官，不知道他什麼時候有空可以接見我呢？」

旁邊的約翰聽了，嚇得心臟都快要跳出來了。

接著，約翰聽到史蒂芬對著電話說：「是的，明天下午兩點，我會準時到。」看見史蒂芬鎮定專業的表現，他似有所悟。

多年後，約翰從一個毛頭小子變成了《明星報》的首席記者，當晚輩詢問他如何成為一個好記者時，約翰把他的經驗娓娓道來，並說：「從那時候起，我就發現單刀直入的辦法雖然很不容易，但是很有用，只要你能克服心中的畏怯，事情就會變得簡單多了！」

很多研究都發現，成功的人並不見得比他人更聰明，更不是靠運氣，而是因為具備自信及接受挑戰的勇氣。反觀很多人在機會來臨時，不停地為自己的怯懦或懶散尋找藉口和理由，平白讓成功自身旁溜走。

成功的機會何其珍貴，每放棄一次機會，就等於喪失成功的契機。自我設限往往是一個人成長進步最大的絆腳石。

遇到挑戰時，興起推託的藉口，認為事情沒有這麼簡單，但是看別人做，卻好像都很簡單，這是人的通病。其實，做事的方法並不難，難的是做事前該有的心理準備，難的是踏出第一步所要具備的勇氣。

拿破崙曾說過：「一個人應養成信賴自己的好習慣。即使再危急，也要相信自己的勇氣與毅力。」

越去思索問題的難處，只會越想越覺得困難，不如換個念頭，把事情想簡單一點，成功自然觸手可及。

勇敢闖蕩，就有無窮希望

面對新的事物，要勇於去開拓，在不斷挑戰新的困難時，才能逐漸變得更加強大，變得不可替代。

德國有個知名的電視節目，叫做「誰是未來的百萬富翁」。觀眾只要上節目參加遊戲答對問題，就可以累積獎金，一直到參賽者選擇停止遊戲，拿回目前累積的獎金，或是答錯問題，退出遊戲獎金歸零，也或者，一路過關斬將，取得最高獎金一百萬！

這個節目剛開始的時候，上節目的高手幾乎全軍覆沒，從來沒有一個人能夠成功挑戰到最後。

後來，參賽者學聰明了，只要獎金累積到十萬左右，就放棄遊戲，拿回累積的獎金。十萬元的門檻幾乎成了所有參賽者的共識，一直到一位名叫克拉馬的年輕人參賽，才終於產生了百萬獎金的得主。

奇怪的是，克拉馬的學識並沒有比其他挑戰者來得淵博，智商也沒有比較高，媒體事後評論，克拉馬之所以可以把鉅額獎金抱回家，是因爲他的心理素質和野心。因爲在獎金累積到五十萬以後，每一道題目其實都相當簡單，只要願意繼續挑戰，繼續冒險，就能順利將題目答對。

過去許多人之所以和百萬獎金失之交臂，都是基於「見好就收」的心態，見好就收或許可以讓人保有目前所擁有的東西，但唯有具備成爲百萬富翁的野心，才能眞的成爲衆人欽羨的百萬富翁！

心態決定你的未來

不是每個人都想要成爲百萬富翁，也不是每個人都一定要成爲百萬富翁。

人生不一定要有太多野心，但是也不能有太多膽怯。

如果你目前所擁有的東西並不能讓你滿足，如果你總是欲求不滿，那就勇敢地把手上的東西放掉，拼命去追求你眞正想要的東西吧！

面對新的事物，要勇於去開拓，在接受新事物的同時，更新自身的知識與技能，並激發潛在的能力。在不斷挑戰新的困難時，才能逐漸變得更加強大，嶄露頭角，變得不可替代。

換個角度思考，生活最大的目標或許不是成功，也不是要有多少財富。但若不能滿足現況，就要努力往上爬，直到得到自己喜歡的位置爲止，到那時，也是你出頭的時候了。

勇於探索，能產生意外的成果

不懷抱夢想，絕對沒有機會接近成功，動腦子思考，或許可以創造機會，但唯有動手嘗試摸索，才會有成功的可能。

一名年輕人在一家大公司擔任基層員工，工作半年以後，很想知道公司總裁對自己有什麼評價。可是，總裁根本不會蒞臨他任職的小部門，也很可能根本不知道他這個人，他要怎麼樣才能知道總裁對他的想法呢？

年輕人考慮了很久，決定寫一封信給總裁，他在信中向總裁提出了幾個問題，最後一個問題是：「我是否能在更重要的位置上做更重要的工作？」

出乎他的意料之外，總裁沒幾天就回信了。總裁沒有約見年輕人，而是在信中直接對他做了批示，告訴他最近公司正在新建一個廠房，請他去負責監督新廠的機器安裝，並且註明：「雖然這是一項重要任務，但你要有不升遷也不加薪的心理準備。」除此之外，信中還附有一張施工圖紙。

年輕人從來沒有接觸過這類的工作，幾乎不知道新廠需要哪些機器安裝，也不知道應該要做些什麼，但是他知道，這是一個難得的機會，如果現在放棄了，以後很難再有這樣的機會。

他廢寢忘食地研究那張施工圖紙，並請教許多專業人員，參與他們的研究，聆聽他們的建議。後來的工程進行得很順利，年輕人在預定工作時間之內完成了總裁交給他的任務。之後，年輕人想回到總公司向總裁報告工作進度，然而，總裁卻在電話中告訴他：「你不用回來了！」

此時，一位工作人員交給他一封總裁寫給他的信，信上寫著：「這封信是要通知你，你已經升任爲這間新工廠的總經理，薪水比原來的提高十倍。當我看到你的信時，我便發現你與一般年輕人有些不同，所以我故意出了個難題給你，看看你會怎麼面對一張你看都看不懂的圖紙。結果我發現，你不但肯學習，還有出色的領導才能，因此我相信，你會是這間新公司最好的總經理。恭喜你，也祝你好運！」

心態決定你的未來

許多人都希望自己能爬到一個更好的位置，卻很少有人主動去爲自己爭取機會，甚至有的人什麼都不做，有的人連想都不敢想。

事實上，不懷抱夢想，絕對沒有機會接近成功，動腦子思考，或許可以創造機會，但唯有動手嘗試摸索，才會有成功的可能。

嘗試去做一件從來沒有做過的事，雖然可能會失敗，但就算失敗了，也是一種學習。至少，可以從這次經歷中更加了解自己，知道自己哪裡不足，知道有哪些需要加強的地方，深信自己在下一次機會降臨時，可以做得更好！也絕對會比那些不敢嘗試的人，獲得更多的機會！

朝夢想努力，就能慢慢接近目的

每個愛做夢的人，都要學會切割自己的夢想。不要只會畫大餅，而要認真地去分析那塊大餅，然後一口一口吃進肚子裡。

四十多年前，有個十多歲的小夥子，出身在貧民窟裡。他的身體不好，讀書的機會也不多，但是當人們問他長大以後想要做什麼時，他卻勇敢地回答說：

「我要做美國總統！」

只是，要怎麼才能達成這個偉大的願望呢？

小夥子想了半天，擬定出一整套計劃。他發現，要做美國總統必須先當上州長，要當上州長就必須經過競選，而競選州長又必須要有雄厚的財力在背後

支撐，如果想要獲得財團支持，就一定要先成爲財團中重要的一員，最好的方式，就是成爲財團老闆的女婿。

但是豪門千金通常不會嫁給一個像他這樣的平凡小子，所以，要娶豪門千金之前，就要先有名氣。要有名氣，最快的方式就是當明星。只是他長得不像英俊小生，唱歌也不像貓王這麼有特色，要怎麼樣才能變成明星呢？

小夥子發現，他的身材其實比一般人要來得魁梧，只要好好鍛鍊，這會是他的金字招牌。

一天，他看到著名的體操運動主席庫爾一身健美的肌肉，開始萌生了健身的興趣。他持之以恆的鍛鍊身體，練出了一身發達的肌肉，三年後，他藉由雕塑似的精壯身材，成爲專業的健美先生。

之後幾年，他囊括了歐洲、世界、全球、奧林匹克比賽的健美先生，也順利的踏入了好萊塢的電影圈。

他利用十年的時間，在螢幕前塑造出堅強不屈、百折不撓的硬漢形象，成爲家喻戶曉的電影明星，並打破女友家人原本的門戶之見，順利地和相戀多年的女朋友，也就是甘迺迪總統的姪女結婚。

二〇〇三年，小夥子已經變成了一個年逾五十歲的中年人，他退出影壇，改投政壇，成功地當選美國加州州長。

沒有人不曾看過他主演的電影，沒有人不曾聽聞過他的名聲，但是沒有人能夠預測得到他未來還會不會有什麼驚人的發展。

他是一位來自貧民窟的窮小子，他的名字叫做阿諾．史瓦辛格。

心態決定你的未來

做夢人人都會，但是圓夢，必須掌握方法。

許多年輕人在求職的時候都遇到一個問題，他們發現喜歡的工作自己做不來，找到的都是不喜歡的工作。也有人隨便找一個工作，做了好些年，才發現那根本不是自己想要的人生。

究竟爲什麼會這樣呢？

因爲在找工作的時候，容易只看到現況，卻沒有看見可能的未來。

有的人一心只想要當總經理，卻沒有想過要怎麼樣才可以成爲總經理；有的人只考慮自己能做什麼，卻沒有仔細思索過自己到底想做什麼；有的人堅持夢想所以不工作，有的人爲了生計而放棄了自己的夢想，到頭來，他們最大的收穫，是道也道不盡的遺憾。

每個愛做夢的人，都要學會切割自己的夢想。不要只會畫大餅，而要認眞地去分析那塊大餅，然後一口一口將它吃進肚子裡。

如果不能做總經理，那就先從小職員做起；如果不能進入自己喜歡的行業，那就先從相關行業入門，慢慢學起。

若抱著積極的態度，才可能距離夢想近一點。即使你的人生最終沒有「成功」這個名詞，至少也不會有「遺憾」這兩個字。

細心體驗，機會就會出現

我們的通病是對近在眼前的機會視而不見，卻費力找尋遙遠的機會，有時甚至要等到面對面撞上了才看得見。

五百多年前，有位牧羊人每天都在草地上放牧牛羊，認眞地過著日子。一天，他發現，在那麼多的山羊中，有一隻山羊總是表現得異常興奮，似乎要比其他山羊來得更加有活力，而且好像幾乎不用睡覺。

牧羊人覺得很奇怪，開始特別留意那隻山羊的一舉一動，他發現，那隻與衆不同的山羊特別愛吃山坡一棵樹上的紅漿果，而且吃完了以後就開始蹦來跳去，停不下來。

牧羊人於是也好奇地吃了一些紅漿果，果然，他整個精神都振奮了起來，晚上睡眠的時間也縮短了。

牧羊人開始把紅漿果當成每天的食糧，一次，被一位經過此地的歐洲傳教士看見了。傳教士聽說了紅漿果的神奇魔力之後，決定好好將它研究一番。他摘了一些紅漿果回到住處，把清洗好的紅漿果放進熱水裡熬煮。煮出來的水色呈咖啡色，喝起來有點苦，但是別有一番風味。

傳教士把這個新發現告訴左右鄰里，群眾們紛紛如法炮製，並且都不約而同地認爲紅漿果水有助於振奮精神。

傳教士於是把紅漿果的種子帶回歐洲，並介紹給當地的商人，從此，這個世界上便有了「咖啡」這個東西。

心態決定你的未來

每個偉大的發明，都是一個傳奇。每個偉大的發明，都是從毫不起眼的發現和創意開始的。

東方人喝茶的習慣已有千年之久，卻直到上個世紀末，才有人想到將茶製成瓶裝，以冷藏方式出售。

這就是牧羊人與傳教士的差別。

我們的通病是對近在眼前的機會視而不見，卻費力找尋遙遠的機會，有時甚至要等到面對面撞上了才看得見。

不要怪上天不給你機會，不要怨別人都比你好運，或許你不知道要怎麼爭取機會，但是至少要懂得珍惜每一個機會。

適當休息，使自己更快出人頭地

適當的休息可以讓疲憊的身心停下來喘口氣，若能充分利用休息空檔，更是使自己迅速出人頭地的良方。

有個年輕的樵夫每天早起晚睡，勤奮不懈。其他的樵夫工作的時候，他也工作，別人休息的時候，他還是努力地揮著斧頭，一直做到連最後一點夕陽餘暉都沒有了，他才肯回家休息。

他希望可以趁著年輕多賺一點錢，沒想到一個月過去了，卻驚訝地發現，雖然他每天都花比別人多的時間工作，但是他砍下來的木材卻比那些做做停停的老前輩還要少，這未免太沒有道理了吧！

年輕人百思不解，他想了半天，推論原因可能是自己還不夠努力。他決心要更賣力工作，但是他砍下來的木材非但沒有變多，反而還變得更少。

年輕人爲此悶悶不樂，有一天，一個老前輩叫他到樹蔭下去休息喝杯茶，年輕人不悅地回答道：「不行，我的工作績效這麼差，連砍柴的時間都不夠了，哪有時間休息啊！」

老前輩聽了，笑著說：「小夥子，你一直砍樹，都不磨刀，砍下來的樹當然比別人少啊！我們憑的是方法，但你卻只是一直在依恃蠻力而已！」

年輕人這才醒悟，原來，老前輩平時休息、泡茶、聊天的時候，同時也一邊在磨刀，難怪他們可以很快就夠把樹木砍倒！

心態決定你的未來

工欲善其事，必先利其器。做事固然要努力，同時也要記得省力，這樣才可以爲自己累積實力，創造更多的利益。

大家都曾經聽過一句話：「休息是爲了走更長遠的路。」說明休息是生活中不可或缺的要角。

在繁忙的生活中，每個人都在苦苦追趕自己的目標，卻不可因此而忘了休息。適當的休息可以讓疲憊的身心停下來喘口氣，若能充分利用休息空檔，更是使自己迅速出人頭地的良方。

有些人認爲休息就是隨心所欲地放鬆，盡情玩樂，但聰明的人會懂得利用休息時間沉澱心靈，養精蓄銳；有些人只知道休息一定要出遊、睡覺、聊八卦，但有進取心的人卻會趁著休息空檔做運動、看書、學外語。試問這兩種人最後的成就會差多少？

或許可以這麼說：「休息的時候做什麼，決定了以後的人生會做什麼！」休息不只是爲了補充體力，更是給自己一個磨刀的好時機，讓自己有機會帶齊傢伙，隨時都可以上路！

忘記過去，才能把握未來

「過去」並不會為生命帶來變化，汲取經驗之後，就應該大步往前走，發揮我們在過去習得的智慧。

一名獵人帶著兒子去打獵，父子倆通力合作活捉了一隻小山羊。兒子非常高興，想要把這隻小山羊帶回家當寵物來養，父親答應了，便將獵物交給兒子，要他先帶回家去。

兒子牽著山羊走在路上，沒想到途中手一滑，不小心把韁繩掉在地上，山羊趁機逃脫。小獵人在後面追了好久，終究還是沒有把獵物抓回來。

他一方面懊惱自己的粗心大意，一方面又不曉得如何向父親交代，心裡又

羞又火，乾脆坐在一塊大石頭後面大哭了起來。

一直到傍晚，父親在石頭後面找到了他。兒子含著眼淚告訴父親自己弄丟山羊的經過，父親沒有指責，只是問他：「你就一直坐在大石頭後面嗎？」

「不，我找過了，我找了好久，就是沒有辦法把小山羊找回來啊！」兒子急忙向父親辯解。

父親搖了搖頭，嘆了口氣，指著旁邊泥地上一些凌亂的新鮮腳印，說：「你看，那是什麼？」

小獵人看了看，說：「剛剛來過幾隻鹿嗎？」

父親回答：「是啊，你爲了那隻小山羊一直躲在石頭後面，結果錯過了一整群的鹿啊！」

心態決定你的未來

做錯事已經是一種錯，如果繼續爲這件事懊悔，將會是一種更大的錯。

戀眷過去就是延擱現在。也許我們曾經躊躇滿志，豪情萬丈，想大展鴻圖，但生活的道路總是崎嶇不平；也許我們甘於平凡，安於淡泊，嚮往寧靜致遠，然而生活的海洋總是不時揚起風浪，於是我們感到失落、恐懼與疲憊。

這些都源於無法忘記過去的失敗。總是對傷心的往事念念不忘，對過去的不如意耿耿於懷，才會使寶貴的今日充滿痛苦，讓憂傷佔據，並在渾然不覺中與希望失之交臂。

爲已經發生的事情感到傷心懊悔是難免的，但一味沉浸在懊悔的汪洋大海，不僅於事無補，還會使身心造成嚴重的傷害，而且有溺斃的可能。

不如換個角度思考，「過去」並不會爲生命帶來變化，頂多只能帶給我們經驗和教訓。汲取經驗之後，就應該大步往前走，在未來的日子裡，發揮我們在過去習得的智慧。

不要跟自己過不去，要懂得原諒自己，善待自己的過失，不要讓已形成的過失成爲步向明天的絆腳石，應讓它成爲通往美好未來的墊腳石。

PART 6

換個角度，改變生活態度

並不是所有心願都能實現，
但只要換個角度想，
就會發現「壞事」說不定都是「好事」。

換個角度，改變生活態度

並不是所有心願都能實現，但只要換個角度想，就會發現「壞事」說不定都是「好事」。

阿倫還是個孩子時，夢想住在有著花園的大房子裡；娶一個美麗善良的太太，她有烏黑的長髮和碧藍的眼睛，她的琴聲美妙、歌聲悠揚；有三個健壯的兒子，他們長大之後，一個是傑出的科學家，一個是參議員，最小的兒子要成為橄欖球隊員。

他自己要當一名探險家，登上高山、越過海洋去拯救人類；擁有一輛紅色的法拉利跑車，千萬不要為了衣食辛苦奔波。

可是有一天，阿倫在玩橄欖球時，膝蓋受傷了。他再也不能登山，不能到海上航行，於是開始研究市場銷售，成爲一名醫藥推銷商。

後來，他和一位漂亮善良的女孩結了婚。她的確有一頭烏黑的長髮，不過眼睛是棕色的；她不會彈琴，也不會唱歌，卻能做美味的菜，她畫的花鳥更是栩栩如生。

爲了經商，阿倫住進城中一座高樓裡。在那兒，他可以俯看蔚藍的大海和城市的夜景。他沒有花園，不過養了一隻惹人喜愛的小貓。

他有三個非常漂亮的女兒，但幼女因爲一場大病，只能坐在輪椅上。他的女兒們都很愛他，但不能和他一起玩橄欖球。

爲了使生活過得舒適，阿倫努力工作，賺了很多錢，卻還是沒能開上紅色的法拉利跑車。

一天早晨，阿倫醒來，回憶起兒時的夢想。

「我眞是太不幸了。」他對最要好的朋友說。

「爲什麼？」朋友問。

「因爲我的妻子和夢想中不一樣。」

「你的妻子既漂亮又賢慧，她的畫能感動人，又能做美味的菜餚。」

阿倫對此卻不以爲然。

「我眞是太傷心了。」有一天，他對妻子說。

「爲什麼？」妻子問。

「我夢想住在有花園的大房裡，現在卻只能住在十八層高的公寓。」

「可是我們的房子能看見大海，我們生活在歡樂中，更不用說我們還有三個漂亮的孩子。」

但阿倫聽不進去。

「我實在是太悲傷了。」他對他的醫生客戶說。

「爲什麼？」醫生問。

「我曾夢想成爲一名偉大的探險家，現在卻成了一個禿頂商人，而且膝蓋還有殘疾。」

「可是你提供的藥品挽救了許多人的生命。」

阿倫對此卻無動於衷。

「我簡直太不幸了。」他對他的會計說。

「怎麼回事？」會計問。

「我希望自己開著一輛紅色的法拉利跑車，而且沒有生活負擔。可是現在，我卻只能搭公車，還要被迫去工作賺錢。」

「可你卻衣著華麗、飲食精緻，而且還能去歐洲旅行。」

阿倫沒有在聽。

「我的確是太不幸了。」他對他的牧師說。

「爲了什麼？」牧師問。

「我夢想有三個兒子，卻成了三個女兒，最小的那個甚至不能走路。」

「但是你的女兒個個聰明又漂亮，她們都很愛你，而且都有很好的工作。一個是護士，一個是藝術家，小女兒則是一名兒童音樂教師。」

但是阿倫一樣聽不進去。

極度的悲傷終於使他病倒了。一天夜裡，他無法入睡，便躺在黑暗中思考，

天亮時，他終於決定重新做一個夢。

從此，他的生活充滿了陽光。

心態決定你的未來

面對生活的態度，決定一個人最終過著什麼日子。

人應該樂觀面對生活，不管目前的生活是否盡如己意，都要心存感恩。故事中的藥商擁有的已經比一般人好上太多，但是他只看到自己缺少的部分，因此無法享受現有的幸福，直到生了一場大病後，才恍然大悟。

某個命理節目的大師曾就八字分析哪種人的生活會過得比較坎坷。大師提到，有一種人會過得不愉快、不順遂的原因是，他只想著要過「某」種生活，無法實現時，就感到痛苦萬分。

最好的解決辦法，就是改變自己的想法，別執著於過去的夢想。

每個人都得朝著自己想要的生活前進，可是並不是所有心願都能實現。

你可能希望一個月能賺數十萬塊、住在大房子、年年出國度假、有個一百分的伴侶、聽話優秀的孩子、沒有經濟上的困擾。

可是，眞實世界中的你每個月只能領三萬塊、租小公寓住，另一半也不是心目中的白馬王子、白雪公主，想要生個女孩卻只有吵鬧的男孩，每天還得爲了三餐奔波。

即使現實與夢想不同，很多人還是覺得幸福快樂，因爲已經擁有一切，即使等級上有點差別又何妨？

只要換個角度想，也許你就會發現，自己以爲的「壞事」，在別人眼中說不定都是「好事」。

重新再做一個夢，你將會快樂許多，人生也會更有意義。

成功的必要條件是努力，不是學歷

真正的學習從離開學校開始。無論如何，都得繼續努力吸收新知，才有能力在社會上立足。

阿爾伯特．霍布代爾是格雷大街中學的校工，儘管薪水每週只有五英鎊，他還是很盡責，總是把校園收拾得乾淨整齊。

某一年，老校長退休了，來了一個叫約翰遜的新校長，才上任不久，就宣佈全體員工必須每天簽到。

阿爾伯特因為不會寫自己的名字，被新校長趕出校園。

阿爾伯特在這個最倒楣的日子裡，提醒自己要買半磅熱狗回家。猛然，他打了個冷顫，想起熱狗店的老闆威格絲太太前天才過世。

「眞該死，爲什麼這麼大一個社區沒有第二家熱狗店呢？」阿爾伯特的情緒壞到了極點。突然，一個念頭閃進他的腦子：爲何不自己開一家呢？

他興奮得把失業的煩惱拋到九霄雲外。一星期後，熱狗店重新開張，阿爾伯特做了老闆。

雖然生意不錯，阿爾伯特卻想：「如果賣熟熱狗應該不錯。」

於是，他一早就把熱氣騰騰的熱狗端出去。在天冷多霧的十一月，熱狗誘人的香味，吸引一批又一批顧客。

爲了應付店前大排長龍的情況，阿爾伯特想出新點子：把熱狗夾在半切開的麵包裡，串在竹籤子上賣。這種早餐經濟又方便，一推出就大受歡迎。

阿爾伯特一個月內連僱了兩個幫手，仍然忙不過來。他靈機一動，找了個孩子，讓他騎著三輪車到街頭兜售，這樣果然減輕了店門前擁擠的情況，生意也愈做愈大。

「霍布代爾熱狗」的名聲打響之後，他的小吃館變成了大飯店，還開了兩

家分店。為了保證貨源，他開始自己製作熱狗，不再依賴批發商。

到了夏天，阿爾伯特想，既然天熱，大家不願下廚，也不願擠飯館，何不把香腸煮熟晾涼，然後把涼香腸送上家門呢？

這個手法讓夏季的銷售量比冬季還要多！

五年後，曼徹斯特大街小巷都可以看到叫賣熱狗的小推車。又過了幾年，連最繁華的大街上，也有了「霍布代爾香腸店」的分店。

隨著事業發展，阿爾伯特認為有必要提高工人的技術水準，便申請創建一所「熱狗製作技術學校」，他的想法得到了學區教委的大力支持。

不久，副校長打電話給阿爾伯特說：「『霍布代爾香腸製作技術學校』將開學，想請董事長題寫校名。」

阿爾伯特啞然失笑，回答說：「副校長先生，眞對不起，還是請你們找一位代勞吧，我寫不好。」

副校長有點不悅地說：「霍布代爾先生，不要推辭了，像您這樣有成就的企業家，不是出自『劍橋』、『牛津』，就是在國外深造過。生意再忙，寫幾個字還是抽得出時間吧？」

阿爾伯特只好具實以告：「副校長先生，我眞的寫不好。說來也許您不相信，十多年前我還是個工人，既不會寫，也不會讀，就連自己的名字也是經商以後才學會寫的。」

副校長不敢相信自己的耳朵，在電話那頭沉默了好一陣子，最後說：「霍布代爾先生，您眞了不起，在沒有受過正規教育的條件下，竟然做出這樣一番大事業。若您十年前就能讀會寫，那今天又該是怎樣的人呢？」

阿爾伯特放聲大笑：「格雷大街中學的校工！一週掙五英鎊，先生！」

「啊！」電話裡傳來一聲驚呼，原來，那副校長不是別人，正是當年把阿爾伯特趕出校門的約翰遜先生。

心態決定你的未來

曾聽在某間知名醫院工作的人說，要看醫生千萬別到那家醫院，因爲在那裡病是醫不好的。

可是很矛盾的是，即使知道實情的他們，還是認爲只有從那間學校畢業的人才是高人一等，這就是台灣人對學歷和文憑的迷思。

相信很多人都吃過學歷和文憑的苦，即使自己能力不差，卻連第一個門檻也跨不過去。文憑一直是人生路上的關卡，工作要看它，交友要看它，選擇嫁娶對象更要看它。

可是它不一定代表相當能力，又或者它只是一個「虛榮」的表象？

阿爾伯特·霍布代爾先生不因爲自己是個文盲就放棄自己，他的成功說明了很多實業方面的操縱，需要的是生活的知識和經驗，學校的教育只是輔助，未來的發展還是要靠自己。

學歷和文憑代表的是，你接受過一定程度的教育，擁有一定程度的能力。但是，眞正的學習，卻是從離開學校開始。

只要肯努力，即使沒有那張「紙」，也不見得是壞事。因爲，無論如何，都得繼續努力吸收新知，才有能力在社會上立足。

埋頭往前衝，不見得會成功

在這個求快、求變的年代，只跟著大家往前衝是不夠的，即使衝得再快，和你同時抵達終點的人還有一堆。

一九二一年，印度科學家拉曼在英國皇家學會發表聲學與光學的研究報告，然後取道地中海乘船回國。當他在甲板上漫步時，人群中一對印度母子的對話引起了拉曼的注意。

「媽媽，這個大海叫什麼名字？」

「地中海！」

「爲什麼叫地中海？」

「因爲它夾在歐亞大陸和非洲大陸之間。」

「那它爲什麼是藍色的呢？」

年輕的母親一時語塞，求助的目光正好遇上了站在一旁饒富興味傾聽他們談話的拉曼。

拉曼告訴男孩：「海水之所以呈現藍色，是因爲反射了天空的顏色。」

在此之前，幾乎所有的人都認可這個解釋，它出自英國物理學家瑞利勳爵的研究。這位以發現惰性氣體聞名於世的大科學家，曾用太陽光被大氣分子散射的理論，解釋過天空的顏色，並由此進一步推斷，海水的藍色是反射了天空的顏色所致。

但不知爲什麼，告別了那對母子之後，拉曼總對自己的解釋心存疑惑，那個充滿好奇心的稚童，那雙求知的大眼睛，那些源源不斷湧現出來的「爲什麼」，使拉曼深感愧疚。

作爲一名訓練有素的科學家，他發現自己在不知不覺中喪失了男孩那種到所有的「已知」中去追求「未知」的好奇心，不禁爲之一震！

拉曼回到加爾各答後，立即著手研究海水為什麼是藍的，發現瑞利的解釋實驗證據不足，令人難以信服，決心重新進行研究。

他從光線散射與水分子相互作用入手，運用愛因斯坦等人的漲落理論，獲得了光線穿過淨水、冰塊及其他材料時散射現象的充分數據，證明出水分子對光線的散射和海水顯出藍色的原因，與大氣分子散射太陽光而使天空呈現藍色的理論完全相同。

進而又在固體、液體和氣體中，分別發現了一種普遍存在的光散射效應，人們統稱爲「拉曼效應」，爲二十世紀初科學界最終接受光的粒子性學說提供了有力的證據。

一九三〇年，地中海輪船上那個男孩的問號，把拉曼領上了諾貝爾物理學獎的獎台，成爲印度也是亞洲歷史上，第一個獲得此項殊榮的科學家。

當問題出現時，我們往往尋求最快速的解決辦法，一心只想著快點把煩心的事情解決掉，不去深究其中的學問和原理。也因爲這樣，大部分的人都只能是平凡人。

反觀有成就的人，大都喜歡思考，經常問「爲什麼」，而且對於別人提出的問題也非常關注。

當你想跳到下一個步驟時，他可能還停在上個問題當中思考；你覺得他很無聊、愛鑽牛角尖、沒有效率的同時，他的腦袋裡或許正在構思一個可以獲得諾貝爾獎，甚至足以改變整個世界的小細節。

很多科學家、發明家、成功者，都有這樣的傾向。

在這個求快、求變，講究簡潔有力的年代，只跟著大家一個勁地往前衝是不夠的，即使衝得再快，和你同時抵達終點的人還有一大堆。

那些在後面慢慢走的人未必一事無成，一時落後領先集團也不見得是壞事，因爲，正好能夠仔細研究前人留下的腳印，思考該怎樣才能在下一次的比賽拔得頭籌。

不起眼的東西，也能帶來良機

許多建議即使現在用不到，不代表以後不需要，這些都是別人經驗的累積。生活處處可見上帝，時時都在給我們機會。

有一對以拾荒爲生的孿生兄弟，天天對著星星和月亮許願，希望哪天能夠發大財。上帝因爲他們的每一個願望都與發財有關而注意到他們。

一天，兄弟倆照舊從家裡出發，沿著街邊撿破爛。可是一路走去，一條偌大的街道彷彿經過一番大掃除般，連平日最微小的垃圾都不見了蹤影，唯一剩下的就是零零散散、東一個西一個躺在地上的小鐵釘。

兩三個小鐵釘能値幾個錢？老二不屑一顧地直直走過去，可是老大卻停下

腳步，不嫌棄地一一彎腰拾了起來。

從街頭撿到街尾，老大撿的鐵釘可以裝滿整整一個臉盆。

看著老大的動作，老二若有所思，也停下腳步想要回頭去撿，可是路上的小鐵釘，一個都不剩了。

忽然，兄弟同時發現街尾新開了一家收購店，門口掛著的招牌寫著：本店急收舊鐵釘，一枚一元。

老二後悔得捶胸頓足，老大則用小鐵釘換回了一大筆錢。

這時，一位白髮蒼蒼的店主走近站在街上發楞的老二，問道：「孩子，同一條路上，難道你連一根鐵釘也沒看到嗎？」

老二沮喪地說：「我當然看到了。可是那些鐵釘並不起眼，沒想到竟然這麼值錢。等到我知道它們很有用時，那些可惡的傢伙卻全部消失了。」

「孩子，上帝時時刻刻在你們身邊。小小的鐵釘看似一文不值，可是在關鍵時刻，它可是價值連城啊！不善積累的孩子得不到財富，不是上帝不給你機會。」話剛說完，老者像風一樣地飄走了。

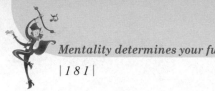

不要忽視了學習、工作、生活中那些「看起來不起眼」，或「看似一文不值」的「小鐵釘」。

當手中的「小鐵釘」累積太多的時候，別以為它們起不了作用就是一件壞事，在關鍵時刻，它們可能價值連城。

這個「小鐵釘」指的不一定是具體的物品，它可能是一個機會、一項技能，甚至是一句話。

在生活中，我們時常有機會得到他人的建議。可能只是上市場買個菜，老闆就熱心地告訴你把豬腳燉得入味且熟透的秘方；碰到出來倒垃圾的鄰居，他會告訴你社區最近回饋住戶的小活動；坐公車時，也能聽見隔壁座位的太太小姐討論減肥的方式。

許多建議即使現在用不到，不代表以後不需要，這些都是別人經驗的累積。

如果別人告訴你哪裡會跌倒、撞傷，經過時就能注意小心。

生活處處可見上帝，時時都在提醒我們、給我們機會，能注意到的人就能抓住這根「小鐵釘」。

不過，別忘了人是「健忘」的動物，很多時候一個不小心，「小鐵釘」就會從手掌的空隙滑落。

最好學聰明點，像雙胞胎的大哥一樣，找個「容器」把鐵釘裝起來。可能是紙筆、錄音機、小記號……等等，只要能在忘記時提醒自己，就能確實發揮「小鐵釘」的價值。

面對責任，才是了不起的人

有些人選擇掩蓋事實，有的人能坦然面對。不推卸責任，能夠承認失敗，才是真正了不起的人。

他是個政治人物，對他來說，聲譽或許比生命更重要，但是他卻可以忍受弟弟帶給他的傷害。

每當記者採訪時，弟弟常會說出驚人之語，讓記者目瞪口呆，他只是站在一旁，淺淺微笑著。

他參加美國總統大選時，記者時常圍繞在他的身旁。有一次，弟弟竟然當著一堆記者的面撒起尿來。

他知道弟弟的行爲後，問道：「這是眞的嗎？」

人們再三保證這是眞的，還讓他看了這段難堪的畫面，他平靜地說：「也許那個地方眞的沒有廁所，總比撒到褲子上好吧。」

很少有一個哥哥能如此寬容地忍受讓他出醜的弟弟，但是他做到了。他的名字是卡特，美國第三十九任總統。

他的弟弟比利·卡特是一個行爲放蕩、口無遮攔的人，所作所爲都讓身爲總統的哥哥出醜。

這樣的行爲媒體記者欣喜若狂，他們最需要的就是可以炒作的新聞。他們希望比利把卡特，包括他們的家庭批駁得體無完膚，比利也正在這樣做。

四年後，卡特競選連任。

反對黨開始拿比利·卡特透露的胡言亂語以及放蕩行爲來影射卡特。這些重重地影響了卡特的支持率，使他失去了四十四個州的選票。這樣的敗績在美國歷屆總統競選中並不多見。

卡特的政治生命從此終結。

有人問他會不會恨自己的弟弟，卡特只是說：「如果是一個州的失利，也許我會恨。但現在是四十四個州，他不能承受那麼多責任。」

心態決定你的未來

螢光幕上光鮮亮麗的名人，總是竭盡所能維持自己良好的形象，他們的私生活就成爲大家注目的焦點。

然而，每一個家庭都有一本難唸的經，難道名人的家庭就應該是完美至極，毫無缺陷的嗎？

從生活現實面來看，這些公衆人物並非沒有缺點，只是隱藏在某個我們看不到的地方。

有些人選擇掩蓋事實，有的人能坦然面對。

或許人類的天性都喜歡看別人的笑話，從別人的醜態中獲取快感。但是換個角度想，能妥善處理問題、控制情緒的人，不也是個優秀的人嗎？

和一個說盡謊話掩飾家醜的名人比較之下，後來獲得諾貝爾和平獎的卡特的精神更讓人佩服。他對弟弟的包容，是一種愛、一種寬容的表現。

他當然也有七情六慾，對於弟弟所犯的過錯會有不滿，但是，他更考慮到弟弟所能承受的責任，寧可自己多擔待一些。

莫里哀曾經說過：「我們所應對之負責的，不僅是我們要做的事情，也包括我們不做的事情。」

不推卸責任，能夠承認失敗，才是眞正了不起的人。這樣的人不論碰到任何壞事，都能以達觀的心情化解。

遇到危險，要能隨機應變

當規則不適用於當時的狀況時，就必須視情況做反應。能隨機應變，才不會發生更壞的事。

指揮官教導飛行員，無論碰到什麼狀況，都要成隊飛行，堅決服從隊長的命令，不可以有任何選擇的餘地。

有一次，漢德聽到一位年輕的飛行員問指揮官：「如果領航的飛機撞上山崖該怎麼辦？」

指揮官聽了這話只是稍加思索，然後回答：「我情願在山壁上看到四個一字排開的洞。」

這就是指揮官的原則。指揮官的話和一次次嚴格的隊形訓練，深深地刻在漢德的腦海深處。

在一次飛行中，漢德和同伴排成一字型縱隊，他排在第三位。一字型縱隊要求第二架飛機與領航機的右翼間距至少六英尺，第三架的左翼和第二架飛機右翼也是六英尺。

他們在暴風雪中飛回基地，儘管氣流干擾，他們仍以五百英里的時速保持著優美的隊形。

正當漢德集中精神飛行時，領航機的駕駛看見下面的雲層間有空隙，於是開始迅速迫降。過去的領航機駕駛經驗告訴他，過不久將會有更惡劣的天氣，因此急呼指揮中心取消原來的飛行計劃。

取消飛行計劃，意味著飛行中心不再進行監控，飛行的路線完全交由飛行員自己控制。他們的領航是一位相當有自信的指揮官，對穿破雲層安全著陸很有把握。當他發現雲層中的洞居然是一個「黑洞」時十分驚訝，這意味著更惡劣的天氣會緊隨其後。

那一刻，飛行員的心裡只有一句老話：聽天由命吧！

他們盡可能保持隊形飛行，但由於沒有任何指示，他們都有些暈頭轉向，就像置身於調酒器中。

當他們衝進厚厚的雲層裡時，漢德看不到另外兩架飛機，視野非常有限，四周茫茫一片。然而，他們的距離始終如故，作爲一名飛行員，要不惜一切代價保證精確飛行。

飛機在漢德的視線中忽隱忽現，接著他看到領航機和第二架飛機座艙蓋間距大約六英尺左右。

在這樣的緊急關頭，兩架飛機不相撞已經是奇蹟。

漢德決定打破常規，按自己的方式行事：「讓規則見鬼去吧。」他咒罵了一聲便將飛機拉起，脫離隊伍。

天氣是如此惡劣。大約一個半小時後，漢德才看到了領航機，他下飛機後第一件事，就是到俱樂部喝掉一瓶烈酒。

他們都躲過了一場空難，儘管受過最嚴格的隊形訓練，還是讓他們經歷一場生死之戰。

心態決定你的未來

能將天賦、知識，和閱歷三者融合在一起，才是一個好的飛行員。

除了不斷地訓練和飛行的經驗外，更需要有自行判斷的反應。在危急時刻，只有天賦和求生本能才能帶領他們走出死亡線，避免成爲隊列飛行和數百萬美元飛機的犧牲品。

「規定」是人制定的，當然也有緩衝的空間，不用被它綁得死死地。

規則的存在是爲了讓人們更安全，當這項規則不夠人性化，或者不適用於當時的狀況時，就必須視情況做反應，千萬別傻傻地讓規定害死。能隨機應變，才不會發生更壞的事。

站在制高點，才能看得遠

若想擁有更大的天空、更寬廣的視野，就必須讓自己往高處爬，才能讓自己跨出原地，產生邁向另一個新領域的勇氣。

多年前，小吳大學剛畢業的時候，到一個偏遠的林區小鎮當教師。由於地處偏遠，當地的生活水準並不高，學校的設備和資金都嚴重不足。

從城市前去任教的小吳其實擁有不少優勢，他的見識廣，教學能力不錯，還擅長寫作，是個非常受歡迎的老師。

可是，小吳過得一點也不開心，他每天抱怨命運不公平，羨慕那些到大城市任教的同學，更嚮往棄教從商的生活。

由於這樣的念頭與日俱增，他慢慢對工作失去了熱情，連自己喜愛的寫作也沒興趣了，只是一天到晚琢磨著該如何離開，幻想有機會調到一個好的工作環境，並且有優厚的報酬。

就這樣兩年時間匆匆過去了，小吳的教學工作混得一塌糊塗，寫作上也沒有任何收穫。那段時間裡，他試著和幾個公司行號聯繫，但沒有任何企業願意接納他，不是沒有缺額就是直接拒絕。

直到有一天，一件微不足道的小事，改變了小吳一直想改變的命運。

那天，學校操場舉辦社區運動會，在文化活動極其貧乏的小鎮裡，無疑是件大事。因爲前來觀看的人特別多，小小操場的四周很快圍出一道密不透風的環形人牆。

小吳那天到得晚，站在一堵人牆後面，再怎麼踮起腳也看不到裡面熱鬧的情景，這時，身旁一個很矮的小男孩吸引了小吳的視線。

小男孩一趟趟來回從不遠處搬來磚頭，在那厚厚的人牆後面，耐心地疊著一個台子，一層又一層，足足有半公尺高。

小吳不知道他疊這個台子花了多少時間，不知道他因此漏看了多少精采的比賽，但當他登上自己疊起的台子時，對著小吳咧嘴一笑。那成功的喜悅和自豪，顯得如此清楚。

剎那間，小吳的心被撼動了一下。多麼簡單的事情啊！想要越過密密麻麻的人牆看到精采的比賽，只要在腳下多墊些磚頭就行了。

心態決定你的未來

筆者看過兩次國慶煙火，一次在台南，一次在台北，這兩次的感受差很多。在台南時，是站在地面上仰著頭往上看，不僅脖子酸，還因為必須踮腳觀看而感到腳酸。

在台北那次，因為有住在煙火施放處附近的友人幫忙，我們是坐五層樓高的屋頂上欣賞。那次煙火給人的感覺更大、更美，也更震撼人心。

或許踏在地面往上看，不用忍受頂樓的冷風，可是只能在有限的視野裡感

受美麗的事物。

狄更斯說：「機會不會上門找人，只有人去找機會。」

因此，若想擁有更大的天空、更寬廣的視野，就必須讓自己往高處爬，讓自己站在高點上。

或許「堆磚」的過程非常辛苦、繁瑣，但是只要一塊一塊穩定、落實地砌好，就能越過密密麻麻的人牆，讓自己高人一等。

人生總要有一回讓自己站在高處，感受風吹在身上的感動。只有這樣的體驗，才能讓自己跨出原地，產生邁向另一個新領域的勇氣。

接受各種笑和痛，人生才完整

想要擁有屬於自己的人生，就得進入生活中，體會所有的酸甜苦辣，不因為遇到壞事而放棄，不因為碰到好事而自滿。

林肯身爲總統，卻從不利用職權謀取私利。

他剛就任總統時，一家新開張的銀行送他一筆股金，但他婉言謝絕說：「總統是人民之主，不應從他的地位取得好處。」

林肯常常如此提醒、告誡自己：「要與人民保持密切的接觸，只有他們才是永遠正確的。」

他多次提出：「危急關頭，能拯救我們的不是船長，而是全體船員；不是

亞伯拉罕．林肯，而是總統寶座後的整個美利堅民族的人民。」

一次瀕江視察中，他與船員一一握手，一位加煤工靦腆地縮著手說：「總統，我的手太髒了，不便與你握手。」

林肯爽朗地大笑道：「把手伸過來吧！你的手是爲聯邦加煤弄黑的。」一句話把大家都逗笑了。

林肯是第一個向黑人開放白宮的總統，就在他遇害前夕，還在百忙中熱情接待了一位黑人老先生，誠懇的態度讓老人感動落淚。

林肯雖身爲總統，卻始終把自己看成人民的公僕。

他親自送愛子羅伯特上前線，他的妻子捨不得，擔心孩子一去不返。林肯則耐心勸妻子：「全國多少可憐的母親都能忍痛送走他們的兒子，甚至永遠失去了他們，我們爲什麼就付不出這種代價呢？」

他甚至還親筆寫信要部隊「將羅伯特當作一個普通的美國公民看待，不要讓他當軍官」。

林肯的偉大人格，贏得了美國人民的尊敬和愛戴。

一八六五年四月，他遇刺身亡的噩耗傳出後，美國人民沉浸在深深的哀悼中，為他送殯的人超過了七百萬。

一位美國人形容得很好，他說：「如果林肯是一棵巨大的橡樹，那就是人民用水澆灌了他。」

林肯有句口頭禪：「如果我自己的力量不足，至少我將求助於人民群眾，只有他們才永遠不會失敗。」

一個國家的運作要順利，如同一個家庭中的每一位成員都必須互相扶持、幫助，缺一不可。

總統，只是國家中的一個小螺絲釘，受命於其他小螺絲釘，站在前線帶領大家。因此，「總統是人民的公僕」是非常貼切的比喻。

林肯之所以讓美國人懷念，是因為他能體會民心、深入人群，他知道大家

有什麼需求和心願。他能體會勞動者的辛苦、母親將兒子送上戰場的不捨、黑人面對種族歧視的辛酸……

林肯的精神更教育著我們，生活是必須去體驗和接觸的，而不是只站在一旁觀望、空想。

眼前的生活，或許是你不願意面對的，但是，如果你不能暫時忍受那些扎在心頭的芒刺，甚至，將那些芒刺化為刺激自己前進的動力，又如何為自己博得一座可以悠遊一輩子的心靈花園呢？

我們想要擁有屬於自己的人生，就得進入生活中，體會所有的酸甜苦辣，不因為遇到壞事而放棄，不因為碰到好事而自滿。有歡笑和淚水、有快樂和傷悲，才是完整的人生。

PART 7

缺點可以變爲成功的要件

人要先認識自己，才能超越自己。
缺點不足以阻礙你的成功，不知道自己的缺點，
才會是通往成功路上的最大絆腳石。

缺點可以變為成功的要件

人要先認識自己，才能超越自己。缺點不足以阻礙你的成功，不知道自己的缺點，才會是通往成功路上的最大絆腳石。

一名十歲男孩在一場車禍中失去了他的左手臂，雖然如此，男孩沒有放棄夢想，一直很想學習柔道。就算到了現在，他依然希望可以踏入柔道的殿堂，儘管他只剩下一隻手。

在一次機緣巧合，一位日本柔道大師願意收男孩爲徒。師傅教得很認眞，男孩也學得很用心。只是，三個月過去了，師傅卻只教了他一套招式，男孩每天反覆練著這一套招式，越練越覺得疑惑。

他忍不住問師傅：「我是不是應該學點其他的招式呢？」

誰知，師傅竟淡淡地回答：「不，雖然你只會一招，但是你只需要把這一招練好就夠了。」

男孩勉強壓抑住心裡的疑問與好奇，遵照師傅的教誨，每天勤奮地練著那一成不變的招式。

幾個月以後，師傅帶著男孩去參加國際柔道比賽。出乎男孩自己的預料，他只憑著唯一會的一招，就輕鬆地打敗了許多武藝高強、身體健全的對手，一路過關斬將，順利地晉升到決賽。

決賽對手的體型是男孩的兩倍，看起來也比其他競賽者沉穩得多。激戰幾回合之後，男孩似乎有點招架不住。裁判見他是個殘障人士，擔心男孩會因此受傷，便提議先暫停比賽。

只是，男孩的師傅卻不同意裁判的要求，堅決地表示：「繼續下去。」

過了不久，雙方的體力漸漸疲弱，對手的氣勢已經不再像剛開始時那麼剛強勇猛了，男孩終於找到一個機會，使出他最擅長的那一招，成功制服對手，

贏得了冠軍。

捧著冠軍獎盃回家的路上，男孩始終百思不解，他鼓起勇氣問師傅：「我看到其他來挑戰的對手，每個人都會很多招式，只有我會得最少，但是爲什麼我只憑著這一招就打敗了所有的對手呢？」

師傅回答：「這有兩個原因：第一個原因，是因爲你把這一招掌握得非常好。第二個原因，是因爲這一招最能發揮你自身的優勢。據我所知，唯一能夠破解這一招的方法，就是讓你的對手抓住你的左手臂。」

心態決定你的未來

所羅門王曾說過一句名言：「最敏捷的，未必贏得競賽；最強大的，未必贏得戰爭；時間與機會才是命運的主人。」

在機會與命運充斥的人生競賽裡，每個人都有機會取得勝利，決定成敗的因素在於是否能掌握獲勝的關鍵。

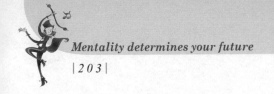

人要先認識自己，才能盡情表現自我，進而超越自己、創造自己。

如果你不是最敏捷的，那就試著去當最廣博的。如果你不是最強大的，那就試著去做最圓滑的。

唯有看清自己的短處、熟悉自己的弱點，才有機會掌握局勢，讓致命的缺點扭轉爲成功的契機。

心態決定你的未來！缺點不足以阻礙你的成功，不知道自己的缺點，才會是通往成功路上的最大絆腳石。

自謙，就有進步空間

當一個人千方百計想要取得別人的讚賞時，人們只看得見他自誇驕傲的外表，哪裡還有心思去細細品味他的優點呢？

布思．塔金頓是美國著名的小說家和劇作家，他的作品《偉大的安伯森斯》以及《愛麗絲．亞當斯》都膾炙人口、家喻戶曉。

一次，塔金頓受邀出席一場藝術家作品展覽會，席間，兩個小女孩來到他的面前，誠摯地向他索取簽名。雖然塔金頓正值當紅時期，但是他仍然謙遜地請示他的小書迷說：「我沒有帶原子筆，用鉛筆可以嗎？」

塔金頓對自己表現出來的親和風範感到非常滿意，他知道他的讀者根本不會介意他用的是鉛筆還是原子筆，但是多此一問將會令她們更加感受到他平易近人的魅力。果然不出他所料，那兩名女孩爭先恐後地回答：「當然可以！」從她們興奮熱情的眼神中，塔金頓益發肯定了自己的巨星風采。

接著，塔金頓用鉛筆，瀟灑地在其中一個女孩的筆記本上簽上他的大名，並寫上幾句鼓勵的話語。

沒想到那個女孩看見以後，眉頭皺了起來，疑惑地問道：「你簽的是什麼名字？難道你不是羅伯特·查波斯嗎？」

「當然不是啊！」塔金頓雖然沒想到有此一著，但仍然很有風度地替自己打圓場，驕傲地自我介紹說：「我是布思·塔金頓，是《愛麗絲·亞當斯》的作者，我曾經得過兩次獎。」

他滿心以爲女孩聽了以後會拜倒在他的頭銜之下，或許還會以熱情的尖叫來表示驚喜與不敢置信……

然而，那名小女孩卻只是將頭轉向她的同學，面無表情地說：「莎莉，可以把妳的橡皮擦借我用嗎？」

心態決定你的未來

塔金頓經常在演講中自我調侃地提起這則糗事，藉此提醒別人，也時時提醒自己：他並不像自己以爲的那麼了不起！

有句話說：「驕傲使天使淪為魔鬼，謙遜使凡人宛如天使。」

很多人把驕傲和自信誤認爲同一件事，事實上，自信是肯定自己，驕傲卻是希望所有人都肯定你。當一個人千方百計想要取得別人的讚賞時，人們只看得見他自誇驕傲的外表，哪裡還有心思去細細品味他的優點呢？

勳章不要自己戴，功勞要讓別人誇。

我們是凡人，很難不爲自己的成就感到驕傲，但無論如何，我們都應該要在別人面前表現出宛如天使一般謙遜，才有無盡的進步空間。

忠於自我，才有屬於自己的成果

人一定要做最好的自己。沒有一種成功，比活出自己更成功；沒有一種快樂，比忠於自我更快樂。

一位劍橋大學的老教授，在門下學生畢業前夕，突然患了眼疾，聲稱自己雙眼失明，什麼也看不到。

他的學生紛紛前來探望，老教授於是問每個來拜訪他的學生：「你是誰？告訴我，你究竟是誰？你從什麼地方來？在這裡學會了什麼東西？你小時候曾經有哪些夢想？畢業之後準備要到什麼地方？準備做些什麼……」

同學們雖然覺得老教授表現得異常嘮叨，但仍然把自己的想法如實地告訴

教授。教授一邊聽一邊點頭，不時發表一些「你這樣的想法很好」、「你很了解自己了」、「你的目標很明確」……之類的評語。等到學生準備離開時，老教授又親切地握著學生的手，語重心長地說：「現在我知道你是誰了，不過，踏入社會以後，你千萬不要忘了自己是誰啊！」

同學們都覺得教授有些反常，在背後偷偷懷疑老教授是不是受不了失明的打擊，所以才表現失常。

然而，到了畢業典禮的那一天，老教授的眼睛卻又奇蹟似地復明了。他用炯炯有神的雙眼望著台下的學生們，說道：「過去這段日子，我能教給你們的全部都教給你們了。今天你們畢業，我只有最後一樣禮物可以送給你們，就是我們之前的談話錄音。往後的人生旅程中，當你們感到失意、迷茫、不知所措的時候，就聽聽這段你們曾經有過的理想與抱負吧，希望這可以幫助你們找回眞正的、最初的自己。」

一直到這個時候，同學們總算明白老教授的用心良苦。

莎士比亞說：「外表往往與事實不符，世人卻容易被表面裝飾欺騙。」

人生的痛苦，通常來自於得不到自己想要的東西，或是得到了以後，卻又發現自己並不是眞心想要那樣東西。

我們追求錦衣玉食，追求華屋名車，追求榮華富貴，追求俊男美女，我們追求大多數人覺得是「好東西」的東西，到頭來，我們才失望的發現，事物的表象並不一定等同於事實本身，別人的肯定也不會爲自己帶來多少快樂。

人不一定要做一個最好的人，但是一定要做一個最好的自己。

只要忠於自己，就不會有太多遺憾。

不要去追求漂亮的東西，而要去追求你眞正喜歡的東西。不要去追求人人稱羨的生活，而要去努力爭取眞正能夠讓你感到快樂的生活。

沒有一種成功，比活出自己更成功；沒有一種快樂，比忠於自我更快樂。

懂得感恩，才能保有自尊

所有的榮耀都不是自己掙來的，而是別人給的。當你爬得越高的時候，越應該感謝那些曾經拉過你一把的人。

一九六一年四月十二日，二十五歲的加加林代表人類成功地完成探索太空的第一次飛行。一時間，他從一個無名小子變成了炙手可熱的超級巨星。不，「巨星」這兩個字還不足以用來形容人們對他的崇拜，加加林驚喜的發現，人們簡直就是把他當作「神」看待！

無論他走到哪裡，都有人想要認識他；無論他梳什麼髮型，都會成爲時尙，人們爭相模仿。加加林再也無法像一個普通人般過著循規蹈矩的生活，他駕著國家送給他的轎車在街上飛奔蛇行，還爲了逗女孩子笑，在摩天大樓表演跳傘。仗著自己受全球人敬佩，他的言行愈加地張狂。

一天，加加林又不遵守交通規則。他闖紅燈，並且與另外一輛車相撞。兩輛車都受到嚴重損傷，幸好兩位駕駛人皆沒什麼大礙。趕來做筆錄的警察一眼就認出了加加林，在表達完對加加林的無限崇拜之後，警察向他保證會「追究肇事者的責任」。

另外一位駕駛人雖然無端被撞，但知道與自己相撞的是加加林以後，這位老人連一句責備的話語也沒有，只一個勁關心加加林有沒有受傷。

警方隨即向路上招來一輛汽車，把加加林送到他原本預備要去的地方，而那個倒楣無辜的老人將要承擔起車禍的所有責任。

加加林坐在車上，越想越不對勁。他知道，警察之所以一味偏袒他，是因爲視他爲英雄；那名長者之所以甘願承擔一切過失，是因爲對他的喜愛。但是他現在的行爲，與他的英雄形象成爲最大的諷刺。

那一刻，加加林純樸的本性復甦了。他請司機把車開回出事地點，然後在

警察和老人的面前誠懇地道歉。比起探索太空，加加林覺得勇於認錯、勇於承擔責任，才是更困難，也是更英雄的作爲。

心態決定你的未來

人的聲望越高，肩膀上的責任就越重。

世界上沒有人有義務要對我們好，即使是自己的父母也一樣。別人對我們好，我們應該要知恩圖報，而不是得意忘形。當一個人越受喜愛時，越應該要捫心自問：別人爲什麼會喜歡我？自己配不配得到別人的喜愛與尊敬？

所有的榮耀都不是自己掙來的，而是別人給的。當你爬得越高的時候，越應該感謝那些曾經拉過你一把的人。唯有抱持著一顆感恩的心，你才能穩坐在雲端上，否則，高處不勝寒，人們可以往你的臉上貼金，當然也可以把你的眞面目揭穿，將你踹回凡間。

唯有眞正的英雄，才能禁得起時間的考驗。

為失敗做準備，以免血本無歸

事前先做好準備，為自己留條後路，在危機來臨時，才不至於手忙腳亂，讓自己血本無歸。

一名十九歲的年輕人憑著一個名叫「心想事成」的網站，一舉登上美國著名的《財富》雜誌封面。

這名年輕人叫做詹森，他的網站在短短數個月之內達到了九百萬人次，收益破了上億美元，當時有人推測：「難道他將會成為下一個比爾蓋茲嗎？」

數家金融機構不約而同地提供他貸款，給予巨大的財力支持，讓他的公司很快就上市，資金由一億美元迅速擴充到二十六億美元。詹森開始過著富豪般

的生活，花錢如流水，交往的對象盡是世界級的超級名模，甚至有電影公司打算把他的創業傳奇拍成電影。

只是，沒想到美國股市瞬息萬變，沒多久的時間，詹森公司的股票從每股一百六十八美元狂跌到二美元，僅僅兩年的時間，詹森由一個平凡人變成了富豪，然後再度由富豪變回了一個平凡人。名模、媒體、電影公司、羡慕他的人、賞識他的人、幫助他的人，一下子全都不見了。

詹森打算向銀行貸款準備東山再起，這才發現借錢居然是一件這麼不容易的事，那些曾經主動提供資金給他的銀行，現在沒有一家願意借錢給他。唯一願意借錢給他的，只有他的親叔叔而已。

詹森用從叔叔那兒借來的錢註冊了一個網站，但已今非昔比。

他在一次媒體訪問中有感而發的說：「經過這段日子，我終於明白了一個道理。那就是金錢只認得金錢，它不會認得人。從前我之所以失敗，最大的原因就是因爲我總認爲我的錢是會認得我的。」

如果每一件事都有一個腳本，那人生就不會有那麼多的失敗了。

人的好運不會時時都降臨在同一個人身上，若受上帝眷顧獲得好時運，千萬記得要居安思危，未雨綢繆，因爲沒有人是永遠一帆風順的。洪水未到先築堤，豺狼未來先磨刀，事前先做好準備，爲自己留條後路，在危機來臨時，才不至於手忙腳亂，讓自己血本無歸。

成功的好處，就是你身邊會多了很多朋友。失敗的好處，則是你終於知道誰才是你眞正的朋友。

成功讓你證明了你的能力，但是唯有失敗，才能考驗你的智慧。

一個成功的人，未必一定要有一番偉大的事業。只要他在失敗來臨之前成功的預防失敗，便已經是眞正的成功。

懂得欣賞，才會受人欣賞

真心敞開心胸欣賞他人、感恩對方。當你覺得自己身邊圍繞的都是一些很棒的人時，你自然也會成為一個更棒的人。

一名作家帶著孩子外出散步。他們經過一個麵攤，看見裡頭坐滿了人，外面也排滿了人。他們駐足圍觀，看見賣麵的小販神乎其技地把油麵放進燙麵用的竹筐裡，一把塞一個，一眨眼的工夫就塞了十幾把，然後把疊成長長一串的竹筐放進鍋子裡煮。

接著，小販又以迅雷不及掩耳的速度，將十多個碗一字排開，分別放進香料、鹽、味精等等，隨後他把麵撈起、倒進碗裡，加湯，在短短幾分鐘之內做好了十幾碗麵，而且還一邊煮一邊談笑自若的和客人聊天。

作家和孩子在一旁看得目不轉睛。離去時，孩子發表評論說：「爸爸，我想，如果你和賣麵的比賽賣麵，你一定輸！」

作家沒想到孩子會有這樣的想法，不禁「噗」的一聲笑了出來，隨即點點頭承認道：「是啊，爸爸不只會輸，而且會輸得很慘。我在這個世界上，是會輸給很多人的。」

他們走著走著，又經過一間豆漿店，作家看見店裡的夥計以熟練的姿態揉麵做油條，不禁有感而發地對孩子說：「這些炸油條的人眞了不起！爸爸比不上炸油條的人。」

沒多久，他們經過一間餃子店，看見老師傅像變魔術一樣，一秒鐘捏出一個渾圓剔透的餃子，作家再度對孩子說：「包餃子的人也很棒！爸爸也比不上包餃子的人。」

孩子似有所思地說道：「爸爸比不上的人好多喔！」

懂得欣賞別人，才有資格讓別人欣賞。

現在高等教育普及，人民生活水準提高，但社會階級的分化卻一日日地加重，這也反應在貧富差距擴大上。

雖說「職業不分貴賤」，但人們心中難免會有階級意識的存在。古往今來，世俗皆以「萬般皆下品，唯有讀書高」的觀念推崇知識分子，面對從事基層工作的勞動者，總是不自覺地瞧不起對方的價值，自以爲是地驕傲自滿起來，那副嘴臉其實可笑至極。

若總是以爲自己最棒，又如何能夠領會得到別人爲你所做的事？

總是認爲自己的價值崇高，總是覺得自己付出最多，又怎能能夠感受得到別人對你的付出與回報？真心敞開心胸欣賞他人、感恩對方。當你覺得自己身邊圍繞的都是一些很棒的人時，你自然也會成爲一個更棒的人。

將失敗化為成功的養分

那令人不快、痛苦、徹夜難眠的失敗，其實是灌溉人生的養分。只要那道挫折沒有將你打垮，那麼它將會使你更堅強。

一隻餓狼從山上來到山下，沿途到處找食物吃，無意間遇到了一群貓。雖然牠從來沒有見過這種動物，而且眼下又「貓」多勢衆，但由於這隻狼實在太餓了，便不管三七二十一，壯著膽子向其中一隻貓撲過去。

牠發現，貓根本不是牠的對手，三兩下功夫，貓就已經臣服在牠嘴裡，成了牠的囊中之物。

有了這個新發現之後，狼專門找貓來塡肚子，每天一隻貓，很快就把附近

的貓都吃光了。

於是，狼只好離開此地，到別處去覓食。

當牠走到中途，正餓得發慌的時候，忽然看見不遠處的草叢裡有一隻貓。雖然這隻貓的體型看起來比從前那些貓都大，但是狼深知貓是不中用的動物，會的盡是一些花拳繡腿，軟綿綿的招式，便雄赳赳氣昂昂地走上前去，想要把那隻大貓從草叢裡揪出來打牙祭。

沒想到，這隻貓不但身體強壯，力氣也不是普通的大。幾個回合下來，狼已經被這隻大貓打得血流滿地、奄奄一息。

牠一直到斷氣都還不知道，這隻長得像貓的動物其實不是貓，而是老虎。

心態決定你的未來

米爾頓說：「從未遭遇失敗的人，對自己或是別人，都是一知半解的。」

故事中的這隻餓狼是自作孽不可活。因爲牠在覓食的過程中完全沒有遭遇過挫折，以致於輕忽對手的實力，終至惹禍上身。

往往一個人做得越多，犯錯的次數就越多，挨罵的次數也就越多，這對於不善於調節心理的人而言，可能會導致一種挫敗感，會感到非常難堪。

可是，人就是在一次次的錯誤和教訓中成長成熟，最終到達成功的彼岸。

在奮鬥的歷程當中，需要拿出勇氣，勇於接受挑戰、突破自我，這些奮鬥過程將會變爲日後值得驕傲的歷史。

那令人不快、痛苦、徹夜難眠的失敗，其實是灌溉人生的養分。只要那道挫折沒有將你打垮，那麼它將會使你更堅強。

如同《查泰萊夫人的情人》作者D．H．勞倫斯所說：「成功只會帶來榮譽，但是失敗卻會帶來真正的勇氣與力量。」失敗並不可怕，也不可恥。只要有機會再站起來，就會有機會再一次挑戰成功。

認清自己的價值，做合宜的舉止

思想謹慎，才會拿捏分寸，懂得進退。生活處處謹言慎行而不魯莽，方可免去失足之恨，等來真正出頭的那一天。

一隻老鼠在寺廟的柱子頂端安了個家。牠覺得寺廟裡的生活簡直就是人間天堂。牠可以在寬敞的空間裡遊蕩，還有吃不完的供品任牠享用。人們這輩子都不一定有機會見到的佛教典籍，牠可以任意啃食；人們百般禮遇崇敬的佛像，牠可以放肆地在它們頭上撒尿。

每當居高臨下，看著那些愚蠢的人們對著佛像又是磕頭又是叩拜時，牠總得費好大的勁才可以忍著不笑出聲音來，心想：「這些人類眞是可笑，他們的膝蓋竟然這麼軟，說跪就跪，簡直活得比我這隻老鼠還不如！」

一天，有隻野貓從窗戶溜了進來，一把將老鼠抓住。

老鼠習慣了安逸優渥的生活，根本沒有想過自己竟然會遭受到這樣的危難，一邊掙扎一邊大聲抗議道：「你，區區一隻野貓，竟然妄想吃掉我！你難道不知道，我的地位有多麼尊貴？我住在佛寺裡，地位比佛祖還要高，連人類都要向我跪拜了，更何況是你！」

野貓回答：「貓吃老鼠，天經地義。你還是認清事實吧，人們之所以向你跪拜，只是因爲你的位置，而不是因爲你！」說完，便把老鼠一口塞進嘴裡。

心態決定你的未來

以爲自己的價值崇高，眼中的世界就會變得狹窄。

將自己看得極端重要，就會看不清身邊的事物。

老鼠的生活過得太順遂了，忘了自己的渺小，得意忘形以致樂極生悲，招

來惡果。長輩們總是告誡，行事前要稱稱自己的斤兩，以免出糗，反成衆人笑柄，就是這個道理。

別人喜歡你、依附你，可能是因爲你所處的位置，或是你所擁有的權力；別人會因爲你是什麼身分、成就了多少事業、有多大能力來評價你，卻不會毫無理由喜歡你，這就是社會現實的一面。

看清自己的價值，認清自己的身分，言行舉止要合乎本分。沒有任何作爲及建樹，卻妄想成爲衆人崇拜的對象，只是癡人說夢，貽笑大方。

行事謹愼，做事才不會失敗；說話謹愼，才不致造成誤會；思想謹愼，才會拿捏分寸，懂得進退。生活處處謹言愼行而不魯莽，方可免去失足之恨，等來眞正出頭的那一天。

PART 8

腳踏實地，才能出人頭地

年少的時候接受磨練和考驗不見得是壞事，
唯有勤奮努力，厚植自己的實力，
才能避免「少年得志大不幸」的遺憾。

日子越難過，越要用心過

斯坦尼斯拉夫斯基說：「必須從無路可通的叢莽中披荊斬棘，覓尋一處可以發現金沙的所在，然後淘盡了數百斤沙石，希望至少找到幾粒金屑。」

英國有句諺語說：「想要雞蛋，就要忍受母雞的喀喀聲。」確實如此，就算切一塊麵包，也總會損失一點碎屑，想要擁有更幸福的一生，當然就必須暫時忍受眼前不如己意的生活。

日子越難過，越要用心過，越要帶著微笑度過。

就像拿破崙所說的：「勝利必定屬於最堅忍的人」，如果你因爲遍尋不著人生的「金剛鑽」而心灰意冷地放棄不幹，那麼，也許就在你沮喪氣餒的同

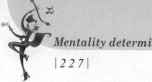

時，幸運之神已經與成功擦身而過。

二十世紀五〇年代，盛傳有人在委內瑞拉山區發現金剛鑽而發財致富，一個叫做費爾．沙萊諾的年輕人聽到這個消息，便和兩個朋友興致勃勃地結伴深入委內瑞拉山區。

他們抱著無限的希望和信心，來到傳說中發現金剛鑽的河床，便迫不及待地開始淘金，撿起一顆顆鵝卵石仔細觀察。然而，三個人廢寢忘食地挑撿石頭，不知不覺間幾個月過去了，衣衫襤褸了，鞋帽也磨破了，仍舊沒發現金剛鑽的蹤影。

有一天，費爾．沙萊諾精疲力盡地坐在佈滿砂礫的乾枯河床上，對著身旁的兩位伙伴說：「喂！我們乾脆回去吧，再找下去也不會有結果，你們看，我已撿了九十九萬九千九百九十九萬鵝卵石了，可是還是尋不到一塊金剛鑽！因此，我決定不幹了！」

這時，有一個伙伴帶著戲謔的口氣說：「你要回去之前，乾脆再撿一顆，湊個整數嘛。」

沙萊諾不以爲意，也用同樣戲謔的口氣回答：「好吧！我就再撿一塊，湊足一百萬顆！」

他閉著疲累的眼睛，隨手在一堆鵝卵石中摸出一顆雞蛋大小的石頭，笑著說：「就拿這顆充作第一百萬顆吧！」

可是，沙萊諾臉上的笑容煞那間僵住了，因爲他感覺到手中的石頭，比普通的鵝卵石沉重許多。他連忙張開眼睛一看，隨即高興地叫起來了：「哇！這是一塊金剛鑽！」

後來，紐約珠寶商哈萊．溫司頓開出二十萬美金的價錢，買下了這第一百萬顆的「鵝卵石」，並且命名爲「釋放者」。截至目前爲止，它仍是世界上體積最大、質地最純的金剛鑽。

俄國作家斯坦尼斯拉夫斯基在《我的生活藝術》裡勉勵我們說：「必須從無路可通的叢莽中披荊斬棘，覓尋一處可以發現金沙的所在，然後淘盡了數百斤沙石，希望至少找到幾粒金屑。」

如果說人生是一條迤邐蜿蜒的長河，那麼，大多數人都像費爾．沙萊諾一樣，在河床上摸摸索索，想尋獲改變自己生命際遇的「金剛鑽」。

最後的一塊鵝卵石使沙萊諾瞬間致富的故事勉勵我們，凡事在想要放棄之前，不妨勉強自己再多努力一下。只要你多一分鐘努力，就能使自己多一分成功的可能。

一個人能不能活得快活，關鍵往往在於是否願意忍受短暫的不如意。

不管在工作上、生活上，或是人際交往上，隨時都有讓我們困擾不已的問題出現，解決這些問題的最好方式，便是用樂觀的態度面對。只要肯忍耐一下子，就會讓你快活一輩子。

找出工作意義，人生才有意義

人生最重要的是找出自己生存的價值，當你發現了這一點，比現在更美好的未來必然在不遠處向你招手。

小陳和小張畢業於同一所大學的建築系。

這一天，他們來到一家建築公司應徵，老闆看了看履歷，說道：「目前我們公司並不缺人。不過，如果你們不排斥打零工，可以先在我這裡做些簡單的工作。一天八小時，每小時一百塊錢。」

第二天，老闆帶著他們來到工地，分配工作範圍給他們兩個。工作很輕鬆，只要撿釘子就好。因爲木工在釘板模時難免會落下釘子，小陳和小張的任務就是把工地上落下的釘子撿回來。

第一天，除了吃飯半個小時外，小陳一刻也沒停歇，把落下的釘子一個不落地都撿了回來，一稱有五公斤之多。

傍晚收工時，老闆問小陳：「工作感覺怎麼樣？有什麼想法嗎？」

小陳說：「能有工作高興都來不及了，哪有什麼想法！」

老闆接著又去問小張同樣的問題，小張說：「老闆，恕我直言，企業需要有效率地運作。表面看來，撿回落下的釘子是一件合情合理的事，但實質上它給您帶來的卻是負面價值。您給我們一天的工資是八百塊錢，但我從早撿到晚，撿回來的釘子最多只有一百塊的價值。這不光對您有損失，對我也沒什麼用。不管您出於什麼意圖，這個工作我都不想做了！」

沒等小張說完，老闆就拍著他的肩膀說：「小夥子，你過關了！我手頭正缺少一名施工員，今天撿釘子的事是我對你們的一場考試。你剛才的解答很出色，不錯，企業需要效率，需要爲企業利益著想的員工，更需要你這樣有見地的人才。」

心態決定你的未來

每種工作都有一定的節奏，即使如此，並不代表工作就是機械化的進行。即使你是生產線上的一員，面對輸送帶不斷送出待處理的物件，也應該要有自己一套的做法，即使那只是個簡單反覆的動作。做出心得之後，你就會知道怎麼做比較快速、省力，而且不容易造成職業傷害。

因此，在工作中找出問題、解決問題，就會讓平凡的工作不再機械式，也能從中得到學習和經驗。

小陳和小張最大的差別，就在於對「報酬」的定義。

小陳只是單純地想「把工作做好」，並沒考慮過「如何才能更好」。這樣的人即使再努力，也無法讓老闆賞識，因爲他就像一個沒有生命的機械，只會反覆做同樣的動作，而不是操控機械的人。「報酬」對他來說，是難得、可貴的，他很容易從中得到滿足。

小張就不同了，他認爲與其保住這份報酬，不如主動開拓機會。他這樣說雖然是替老闆著想，其實也是替自己爭取更好的工作機會，他並不擔心老闆不能接受，因爲他找出問題，也解決問題。況且，老闆若不能接受，也能顯示出這個老闆沒有遠見，繼續待在他手下工作是不會有前途的。

工作多年的你，是否早就忘了思考工作的意義，也讓自己成爲一台沒有想法的機器了呢？

不要不去思考這個問題，若是因此丟失了工作，不見得是一件壞事，因爲人生最重要的是找出自己生存的價値，當你發現了這一點，比現在更美好的未來必然在不遠處向你招手。

忍受一時孤獨，終能受到注目

雖然有過不被了解的低潮期，但只要相信自己、堅持理念，一切情況都沒有想像中的那樣壞。

美國少年斯克勞斯受到當裁縫師的母親的影響，自小就喜歡設計時裝。儘管家境貧寒，仍阻止不了斯克勞斯要做一名服裝設計師的夢想。

斯克勞斯常常將母親裁剪後剩下的碎布留下來，東拼西湊做成各式各樣的娃娃衣服，常常因此遭到父親的責備。

有一天，斯克勞斯將父親丟掉的廢棚布撿來做成一件衣服，這種粗布在當時是專門用來蓋棚子的。

斯克勞斯穿著自己做的衣服走在大街上，很多人都認爲他瘋子。

斯克勞斯的母親見兒子沉迷於服裝設計，便鼓勵兒子去向時裝大師戴維斯學習，希望他能成爲像戴維斯一樣成功的時裝設計師。

那一年，斯克勞斯十八歲，帶著自己設計的粗布衣來到了戴維斯經營的時裝設計公司。

當戴維斯的弟子們看到斯克勞斯設計的衣服時，都忍不住哄堂大笑，他們從來沒有看過如此粗俗的衣服，可是戴維斯卻將斯克勞斯留了下來。

在戴維斯鼓勵與幫助下，斯克勞斯設計出大量的粗布衣，可是沒有人對斯克勞斯的衣服感興趣，他設計的衣服大量積壓在倉庫裡，就連戴維斯都對自己收留斯克勞斯的決定產生了懷疑。

但是斯克勞斯依然堅信自己的衣服會受到人們的歡迎，於是他試著將那些粗布衣服運往非洲，銷給當地的勞工。由於那種粗布價格低廉又耐磨，居然很受勞工們的歡迎，衣服很快銷售一空。

斯克勞斯又將那些粗布衣服做成適合旅行者穿的款式，因爲它的滄桑和灑

脫感，得到了旅行者的喜愛。

斯克勞斯不斷設計新款式，人們開始驚奇發現，那種衣服穿在身上不但隨意，還有一種特別的風味，而且不分季節，任何年齡的人都可以穿。一時間，大家都爭著穿起了斯克勞斯設計的粗布衣。如今那種衣服已風靡了全球，那就是以斯克勞斯與戴維斯爲品牌的牛仔衣。

心態決定你的未來

歌德曾經寫道：「誰若遊戲人生，他就一事無成，誰若不做自己的主宰，就永遠只能做一個輸家。」

生活中遇到的人際、慾望、工作、心靈……等等問題，與其說是困境，不如說是生命練習題。只要願意放開心胸，用不同的眼光看待事情，換不同的做法解決問題，想要擁有璀璨的未來，其實並沒那麼困難。

許多能流傳許久的藝術作品，都是因爲它們的「獨特風格」。畢卡索讓人看不懂的畫作，造就抽象藝術的開始；現代舞強調心靈配合身體的自然律動，不像往年強調的美麗姿態；奇幻文學由不被認同到風靡全球。

雖然這些擁有「獨特風格」的人在備受注目之前，都有過一段不被了解、不被認同的低潮期，但是只要相信自己、堅持理念，其實一切情況都沒有想像中那樣壞。

現代的人似乎越來越能接受「不符合常理」的現象，使獨特的人比其他循規蹈矩的人更有機會突顯自己。

人與人的來往也是一樣的道理。每個人都能找到與自己志同道合的人，如果你正爲不被他人了解而感到孤單，請不要灰心，只要能跨出原有的生活圈，就能找到屬於自己獨特風格的天地。

唯有冒險，才能向前

雖然冒險帶來的生活往往伴隨著恐懼和不安，可是只有經歷它、克服它，才能真正品嚐成功的果實。

法伊婭十七歲時，以留學生的身分從伊朗來到加拿大，當時連一句英文也不會講。入境時，海關人員問她的行李裝著什麼東西，她聽不懂，也說不清楚，讓對方大為緊張，使用許多先進儀器仔細探測她的行李，才敢打開檢查。

就這樣，她隻身踏上加拿大的土地，一邊學英語，一邊在多倫多大學修讀電腦課程，畢業後跟隨丈夫移居卡爾加利。

二十世紀八〇年代初的卡爾加利還是一個小城市，當時整個大環境的經濟不太好，法伊婭到處都找不到工作，只能爲一個私人僱主編寫程式。但六個月後她前往僱主家，發現該地址已人去樓空，過去幾個月完全是做白工，沒拿到任何一毛薪水。

沒有報酬的第一份工作成爲法伊婭生涯的第一個考驗。法伊婭後來找到一家電腦公司，繼續寫程式的工作。之後也換過幾家公司，經過多年的努力和經驗積累，她做到了貝爾公司在加拿大地區的副總裁。

然而，在爲貝爾公司工作了十多年後，她在一次裁員風波中，和其他二十多位副總裁一同被請出公司大門。那是她職業生涯中的一次巨變。可是她依然樂觀笑著說：「終於可以休一個長假，好好調養身心了。」

至於今後的打算，她打算把這次的變動看作新的機會和挑戰，去做一些自己眞正喜歡做的事情。

如果一句英文也不會，在沒有任何人任何帶領的情況下，你敢一個人遠渡重洋，到一個完全陌生的國家生存嗎？

是的，這的確是人生一次很大的冒險，然而很多成功的夢想，也是開始於這樣的冒險。

很多人一想到未來可能碰到的狀況，就已經對這次的旅程打消念頭，當然也不會有後續發展。他們在成功的入口徘徊許久，遲遲無法踏出步伐。有些人等了好幾年才踏出第一步，也有人終生沒有跨出去。

將我們推入冒險入口的那雙手，往往是無法預期的變動和挑戰。當這些衝突來臨時，我們不得不投入冒險的旅程。雖然冒險帶來的生活往往伴隨著恐懼和不安，可是只有經歷它、克服它，才能真正品嚐成功的果實。

走在熟悉、既定的軌道裡固然讓人安心，但是偶爾讓自己脫軌一次也不一定是壞事。在這一次冒險中，可能會發現自己未曾發現的天賦和才華，激發潛藏在內心許久的自我，找回遺失的熱情，重新感受生命的意義。

表面光鮮亮麗，背後付出努力

當我們看到別人光鮮亮麗的外表時，除了羨慕，也別忘了看看對方背後所付出的努力和辛酸。

一八七二年，約翰．史特勞斯曾應聘到美國演出，波士頓特地爲他建造一座可以容納十萬名聽衆和兩萬名表演者的大廈。

他在給朋友的信裡敘述當時的盛況：「爲了對付這一大群人，他們給我一百個指揮做助手，我自己只能領導最靠近我的人。想像一下我在十萬名美國聽衆面前的處境，我站在總指揮的譜架前面，忽然響起砲聲，這眞是一種溫柔的暗示，它告訴我們這兩萬個表演者，音樂會可以開始了。我做一個手勢，我的一百位助手就盡可能急速地仿效我。就在這個時候，開始了我終生難忘的大場面……十萬聽衆興奮地大聲叫嚷……」

這次演出，不僅爲約翰．史特勞斯寫下生平最難忘的一頁，也是音樂史上空前的盛舉。

約翰．史特勞斯一生共寫下四十六首樂曲，其中包括波爾卡舞曲、圓舞曲、方陣舞曲、進行曲以及其他體裁的樂曲，被人譽稱爲「圓舞曲之王」。

他謙遜地表示：「我小小的功績，只在於把從前輩那裡繼承下來的形式加以擴充罷了。」

雖然他對自己的成就如此輕描淡寫，但是，那一首首動人的圓舞曲，像在歐洲陰暗的天空中響起驚人的巨雷，像在多瑙河畔翠堤上聽到春日來臨的腳步聲，使人們忘卻人生的憂患，對未來充滿歡樂和希望。

受到人民愛戴，獲得崇高榮譽的約翰．史特勞斯，在他年近七十的晚年，還保持著繼承自父親的好習慣：每天清晨編寫歌劇和樂曲，並常常到劇院觀看自己歌劇的演出。

有一天，他挽著妻子參加一個宴會，在宴會上遇見了奧地利國王。國王指著正在演奏約翰．史特勞斯圓舞曲的樂隊，和周圍翩翩起舞的人們，既是讚譽，又是感嘆地說：「你是最幸福的人了。我只能指揮我的軍隊，而奧地利人民都陶醉在你的指揮棒下。」

約翰．史特勞斯卻嚴肅地回答：「蘋果雖然甜蜜，但誰又知道它的內心也有許多苦核呢？」說完，和妻子相視微微一笑，悄然離去。

心態決定你的未來

當我們看到別人光鮮亮麗的外表時，除了羨慕，也別忘了看看對方背後所付出的努力和辛酸。

有些人整天只想當大老闆，以為可以舒適地坐在辦公室指揮所有人，享受多金虛榮的氣派生活，卻自動忽略了老闆必須面對的責任、承受的壓力。業績拓展、員工管理、薪資發放、和合作廠商談條件、敵人競爭……這一切都是當

小職員的人無法窺知的世界。

就像一位演奏出美妙樂曲的音樂家，我們欣賞他的才華、羨慕他的能力，但是是否可以想像，一天二十四小時裡，他必須花多少時間去練習，又必須犧牲多少娛樂和休息呢？

這麼說並不表示我們永遠無法爬上金字塔的頂端。只是讓自己了解，這條路走來並不容易，我們必須有一定的心理準備，在向上追求的同時，付出同等的努力和犧牲。

只會坐在原地空想，只是憤世嫉俗是沒用的，要先秤秤自己的斤兩，才能找出往上爬的條件。

身上帶刺，只會使自己陷入絕境

如果我們總是渾身帶刺，動不動就刺傷他人，最後的結果只有處處樹敵，陷自己於孤立無援的絕境。

小趙在一家藥廠工作。

有一天，電路出了問題，主任忙著修理時，小趙幫忙把工具遞給他，就在遞電工刀時，不愼劃破了主任的手。

主任非常生氣，斥責小趙不該在遞刀時將刀尖對著他；小趙則認爲這是件小意外，主任故意找自己麻煩。

雙方激烈爭吵的結果是：老闆開除了小趙。

回到家後，心懷不滿的小趙要母親評評理，母親沒有多說什麼，只要他到大哥家走走。

小趙的大哥三歲時因爲生病而雙眼失明，是母親心中永遠的痛。好在大哥不因此氣餒，反而加倍努力，習得謀生手藝，膝下幾個小孩也很爭氣，畢業後都有份不錯的工作。

大哥對於小趙的來訪十分高興，親自爲他縫了一床冬被。大哥熟練地穿針引線，大嫂在旁邊遞剪刀、針線……小趙驚訝地發現，大嫂遞針和剪刀的時候，都是將針尖、刀尖對著自己。

大嫂說：「我倆都是盲人，在傳遞東西的時候，只有將針尖刀尖對著自己才不會傷著對方。」

小趙這才明白，大哥大嫂結婚多年還是如此恩愛，沒有吵過一次架，原來是這樣時時刻刻爲對方著想。

大嫂的話讓小趙對自己劃破主任的手的行爲有了認錯的念頭。但轉念一想，盲人是因爲看不見對方才這樣，正常人難道也這樣嗎？

第二天，小趙受當醫生的侄兒之邀，到醫院用閉路電視觀看手術的過程。小趙看到護士遞手術刀、止血鉗、縫合針等器械給醫生時，都是將刀尖、針尖對著自己。

這時，小趙才徹底意識到，原來自己是如此自私，不曾為別人著想。他為此深深感到慚愧和自責。

心態決定你的未來

從小，父母都如此告誡我們：「拿剪刀給別人時，不可以用刀尖對著別人，要拿刀柄給對方，才不會害人受傷。」

沒有特殊的原因和理由，這個習慣就這樣自然而然養成了。多年來，也沒有特別去想過這個問題，甚至認為這是常識，人人都應該知道才對。

直到慢慢成長後才發覺到，在這個社會上，並不是每個人都有同樣的用心替對方著想。

用「刀尖」對著別人，不僅只有安全上的問題，更能反映出一個人怎樣與社會及大環境相處。

如果我們總是渾身帶刺，動不動就刺傷他人，最後的結果只有處處樹敵，陷自己於孤立無援的絕境。不僅職場如此，在家庭中、夫妻間、朋友相處，都是同樣的道理。

用柔軟的手心握住對自己危險的「刀鋒」，是爲了保護別人、尊重彼此，並不是委屈自己的壞事。

不用擔心利刃會劃破掌心，因爲這是你自己能控制的。如同有稜有角的頑石，在大自然的教導下，也能學會用「圓滿」面對人生。

腳踏實地，才能出人頭地

年少的時候接受磨練和考驗不見得是壞事，唯有勤奮努力，厚植自己的實力，才能避免「少年得志大不幸」的遺憾。

某年夏天，一位年輕人登門拜訪年事已高的愛默生。他因爲仰慕愛默生的大名，千里迢迢前來尋求指導。

這位年輕人雖然出身貧寒，但氣度不凡，有一股吸引人的氣質，愛默生很欣賞他。臨走時，年輕人留下幾頁詩稿，愛默生讀了之後，認定他在文學上前途無量，決定大力提攜他。

愛默生將詩稿推薦給文學刊物發表，但回應不大。他希望這位年輕人繼續

將自己的作品寄給他，兩位詩人開始了頻繁的書信往來。

年輕詩人的來信內容往往激情洋溢、才思敏捷，的確是個天才詩人。愛默生對他的才華大爲讚賞，經常對別人提起他。慢慢地，年輕詩人在文壇有了一點小小的名氣。

後來，這位年輕詩人不再寄詩稿給愛默生，信的內容只是大談文學問題，他開始以名詩人自居，語氣越來越傲慢。

愛默生感到不安，他擔心年輕人過於自滿。通信雖然繼續，愛默生卻逐漸成了一個傾聽者。秋天時，愛默生邀請年輕人參加一個文學聚會。

在這位老作家的書房裡，兩人有一番對話：

「後來爲什麼不寄稿子給我了？」

「我在寫一部長篇史詩。」

「你的抒情詩寫得很出色，爲什麼要中斷呢？」

「要成爲一個大詩人就必須寫長篇史詩，寫抒情詩是毫無意義的。」

「你認爲你以前的那些作品都無意義嗎？」

「是的，我是個大詩人，我必須寫大作品。」

「也許你是對的。你是個很有才華的人，我希望能盡早讀到你的大作。」

「謝謝，我已經完成了一部，很快就會公諸於世。」

文學聚會上，年輕詩人大出鋒頭，逢人便談他的偉大作品，鋒芒畢露，說起話來咄咄逼人。

雖然沒人讀過他的大作，即使是小詩也很少人讀過，但每個人都認爲這位年輕人將成大器，否則愛默生怎麼會如此欣賞他？

轉眼，冬天到了。年輕詩人繼續寫信給愛默生，但不再提起他的大作。信越寫越短，語氣也越來越沮喪，直到有一天，他終於在信中承認，長時間來他什麼都沒寫。所謂的大作品根本就是子虛烏有之事，完全是他的空想。

他在信中寫道：

「很久以來我就渴望成為一個大作家，所有人都認為我是個有才華有前途的人，我自己也這麼認為。我曾經寫過一些詩，並有幸獲得了您的讚賞，對此我深感榮幸。

使我苦惱的是，自此以後，我再也寫不出任何東西了。不知為什麼，每當面對稿紙時，我的腦中便一片空白。

我認為自己是個大詩人，必須寫出大作品。

在想像中，我感覺自己和歷史上的大詩人並駕齊驅，包括和尊貴的您。但在現實中，我鄙棄自己，因為我浪費了自己的才華，再也寫不出作品了。

尊貴的閣下，請原諒我這個狂妄無知的鄉下小子……」

從此以後，愛默生再也沒有收到這位年輕詩人的來信。

心態決定你的未來

東晉書法名家王羲之，每次練完字就在家門前的池塘洗毛筆。長期下來，池水由清變黑，成了有名的「墨池」。更讓人敬佩的是，王羲之對於功名富貴看得很淡薄，對於國家安危和民生疾苦卻非常關心。

創作最重要的是必須感動人心，只是自我陶醉的不是好作品。一個再有才華的人仍然得不斷吸收新知，不停地練習和努力，且進入人們的生活，才能創作出一件件動人的作品。

故事中的年輕詩人犯了很多人在小有名氣之後都容易得到的「大頭症」。他自視甚高，讓自己不再吸取新知，甚至恃才傲物，不懂得謙虛爲懷。

可見，年少的時候接受磨練和考驗，不見得是件壞事，因爲此時實力尚未成熟。唯有腳踏實地、勤奮努力，厚植自己的實力，才能避免「少年得志大不幸」的遺憾。

可以在舞台上長久綻放自己的美麗，而不只是曇花一現的人，都是不停努力耕耘的人。

自己也要判斷，才能安全過關

每一個標準都可能有疏失的時候，在下決定之前，也別忘了透過自己的理性判斷，為每一個決定做最後的把關工作。

有個人養了幾隻老鼠，讓牠們過著「上流」的生活。他每天除了餵老鼠美味的食物外，還小心地爲牠們擦洗身子，老鼠稍有不適，就異常擔心。

他對老鼠的關懷更甚於自己，因此老鼠跟他的關係非常親密。天晴時他們在院子裡玩耍，下雨天就在家裡捉迷藏，他們還經常一起去旅行。

他覺得和老鼠生活在一起非常快樂，但這並不是他疼愛老鼠的主因。

他常常撫摸著老鼠，口中嘟囔著：「如果沒有你們，不知道我會遇到多少

災難呢！」原來，他利用老鼠有預知危險的本領，爲自己躲掉多次災難。

一開始是在多年前的某一天，老鼠突然集體往屋外逃，他還弄不清是怎麼回事，只是沒命地在後面追。這時，大地震發生了！整座房子應聲倒塌，他因此逃過一劫。還有一次，他坐船要出海，才剛要踏上甲板，老鼠就在他的提袋裡騷動起來，他立即止住腳步，老鼠隨之安靜下來。結果，出航的船遇上大風暴，沉沒在大海裡。

這天，他餵老鼠吃東西時，發現牠們不同尋常，顯得惶恐不安。他知道這是危險的預兆！

「將要發生什麼事？是火災，還是水災？不管它，趕快搬家吧。」由於事出突然，他也顧不得價錢的好壞，胡亂賣掉房子，匆忙搬走了。

喬遷新居後，老鼠恢復了常態。

他稍事休息後，就打電話回去問以前的管理員：「喂，我是以前的老住戶，想打聽一下，在我搬走後，原本的屋子有沒有什麼變化？」

「好像沒什麼。」

「不會的，請您仔細想一下。」

「勉強要說嘛，就是您走後不久，隔壁來了新住戶。」

「是嗎！新搬來的是什麼樣的人？一定是位可怕的人物吧？」他興奮地問著。他想，災難這時恐怕已降臨到隔壁，自己要是不搬，無疑會被捲入離奇的事件中。但是，對方的回答卻讓他意外。

「不，是位很和善的人。」

「眞的嗎？」他懷疑地問。

「是的，因爲他非常愛貓，養了很多，所以……」

心態決定你的未來

從古至今，有許多人類依靠動物的智慧的例子。華佗從動物的行爲中發現可以麻醉的草藥；在氣象預測還沒現在發達時，住在草原上的人們利用麝香鼠造窩的厚度來判斷那年冬天會不會很寒冷。動物的敏銳性比人還強，因此牠們能比人類快一步做好準備。

舉個簡單的例子來說，快下大雨時，就很容易看到螞蟻遷移的身影。可是，若你以爲看到成群螞蟻就是快下大雨，卻沒注意到放在廚房的糖罐忘了蓋緊，那麼很快地，屋子就要蟻滿爲患了。故事中的主人翁靠著老鼠的警覺性，躲過了多次災難，卻忽略了老鼠警覺到的不是只有天災，還有對自己有害的天敵——貓。匆忙搬家的結果，就是賤價賣屋的損失。

我們的生活都有一個可供依據的指標，可能是宗教、師長、某某專家，甚至是戴在手上的錶。

我們可以完全信任他們，但也必須保持一定的「彈性」空間，靠自己的直覺和判斷能力做最後的視察，才能更完善地保障自己的身心安全。

畢竟，每一個標準都可能有疏失的時候，也許是對方一時口誤，或個人主觀的意見，甚至是手錶電池快沒電，都可能提供不客觀的資訊。

因此，在下決定之前，除了參考自己信任的指標之外，也別忘了透過自己的理性判斷，爲每一個決定做最後的把關工作，生活才能更加安心。

PART 9

有明確構想
才能實現理想

因為目標構想不夠明確，
所以很多人的夢想都只能停留在畫大餅、
做白日夢而無法化為實際行動的階段。

禱告不是實現夢想的萬靈藥

禱告只是讓自己的信念更加堅定，增強面對挑戰的勇氣，而不是不勞而獲，等著禮物從天上掉下來。

四歲的小克萊門斯上學了。教書的霍爾太太是一位虔誠的基督徒，每次上課之前，她都會領著孩子們進行祈禱。

有一天，霍爾太太爲孩子們講解《聖經》，當講到「祈禱，就會獲得一切」時，小克萊門斯忍不住站了起來問道：「如果我向上帝祈禱，祂就會給我想要的東西嗎？」

霍爾太太親切地回答：「是的，孩子，只要你願意虔誠地祈禱，你就會得到你想要的東西。」

小克萊門斯想得到一塊很大很大的麵包。因為坐在他隔壁的金髮小女孩，每天都會帶一塊這麼誘人的麵包來到學校，但他從來沒有吃過。

她常常問小克萊門斯要不要嚐一口，小克萊門斯每次都堅定地搖了搖頭，心裡卻十分掙扎痛苦。

放學的時候，小克萊門斯對小女孩說：「明天我也會有一塊大麵包。」回到家之後，小克萊門斯關起門，無比虔誠地進行禱告，他相信上帝已經看見了自己，一定會被自己的誠心感動。

然而，第二天起床，他迫不及待地把手伸進書包，裡頭除了一本破舊的課本之外，什麼也沒有。

他決定每天晚上繼續禱告，一定要等到麵包出現。

一個月之後，金頭髮小女孩笑著問小克萊門斯：「你的麵包呢？」

小克萊門斯告訴小女孩，上帝可能沒看見自己多麼虔誠地祈禱，因為每天都有無數的孩子祈禱著，但上帝只有一個，他忙不過來。

小女孩笑著說：「原來祈禱的人都是為了一塊麵包啊。但一塊麵包用幾個硬幣就可以買到了，人們為什麼要花費這麼多的時間祈禱，而不是去賺錢買麵包呢？」

小克萊門斯決定不再祈禱。他相信小女孩所說的，正是自己最想要的答案——透過實際行動獲得自己想要的東西。

小克萊門斯對自己說：「我不要再為一件卑微的小東西祈禱了。」

多年以後，小克萊門斯長大成人，當他用筆名馬克．吐溫發表作品的時候，他已經成為一位為了理想勇敢奮鬥的作家了。

心態決定你的未來

好萊塢知名影星金凱瑞主演的〈王牌天神〉裡，上帝讓諸事不順的他擁有上帝的能力。在一陣混亂之後，他選擇回到正常的生活。這部電影雖然讓人從頭笑到尾，卻隱含深刻的涵義。

電影中金凱瑞第一次碰到上帝時，上帝正在拖地，並邀他一起做這件事但卻遭到拒絕。上帝因此說：「大家都不知道勞動的好處，它能讓人自由，凡事都得靠自己的雙手才能成功。」

在電影中有一幕，金凱瑞讓所有的禱告都應驗，結果有許多人得到樂透頭獎。可是每個人分到的獎金只有十七美元，因此引發暴動。可見有多少人為了這種不實際的事情禱告。

禱告只是讓自己的信念更加堅定，增強面對挑戰的勇氣，而不是不勞而獲，等著禮物從天上掉下來。

馬克．吐溫在禱告的過程中領悟到，真正的神蹟並不是魔術，不能夠瞬間實現願望、讓不合理的事情成真，奇蹟是靠人自己創造出來的。上帝給予我們的神蹟是讓我們知道自己也有神性，有能力改變自己的生活。

有明確構想才能實現理想

因為目標構想不夠明確，所以很多人的夢想都只能停留在畫大餅、做白日夢而無法化為實際行動的階段。

有一次羅曼·V·皮爾在高爾夫球場打球，不小心把在草地邊緣的球打進了雜草區。剛好有一個年輕人在那裡清掃落葉，就和他一塊兒找球。

那年輕人一邊找球，一邊很猶豫地說：「皮爾先生，如果可以的話，我想找個時間向您請教一些問題。」

「你想要什麼時候呢？」皮爾問道。

「哦！什麼時候都可以。」年輕人似乎頗爲意外皮爾答應。

「像你這麼回答是永遠不會有機會的。這樣吧，三十分鐘後在第十八洞見面談吧！」皮爾說道。

三十分鐘後，他們在樹蔭下坐著，皮爾先問他的名字，然後說：「現在告訴我，你有什麼事要和我商量？」

「我也說不上來，只是想做一些事情。」

「能夠具體地說出你想做的事情嗎？」皮爾問。

「其實我自己也不太清楚。我很想做和現在不同的事，但是不知道該做什麼才好。」他顯得很困惑。

「那麼，你準備什麼時候實現那個還不能確定的目標呢？」皮爾又問。

年輕人對這個問題似乎既困惑又激動，他說：「我不知道……我的意思是有一天……有一天想做的某件事情。」

於是，皮爾問他喜歡做些什麼事。他沉思了一會兒，卻一直說想不出來有什麼特別喜歡的事。

「原來如此，你想做某些事，但不知道該做什麼才好，也不確定要什麼時候去做，更不知道自己最擅長或喜歡的事是什麼。」

聽皮爾這樣說，他有些不情願地點頭說：「我眞是個沒有用的人。」

「不是這樣的，你只不過是沒有把自己的想法加以整理，或缺乏整體構想而已。你很聰明，個性也不錯，更有上進心。有上進心才會促使你想做些什麼。我很喜歡你，也信任你。」

皮爾建議他花兩星期的時間考慮自己的將來，並明確決定自己的目標。然後用最簡單的文字把它們寫下來，接著估計何時能夠順利實現，得出結論後就寫在卡片上，再來找自己。

兩個星期以後，這個年輕人完全變了一個人似的，顯得有些迫不及待地在皮爾面前出現。

這次他帶來明確而完整的構想，他已經清楚掌握住自己的目標，那就是要成爲現在工作的高爾夫球場的經理。現任經理五年後退休，所以他把達成目標的期限訂在五年之後。

他在這五年的時間裡，確實學會了擔任經理必備的學識和領導能力。經理的職務一旦空缺，沒有一個人會是他的競爭對手。

又過了幾年，他的地位依然十分重要，成爲公司不可或缺的人物。現在他過得十分幸福，非常滿意自己的人生。

心態決定你的未來

這位年輕人是根據自己任職的高爾夫球場的人事變動，來決定自己未來的目標。當然，在這當中或許多少有興趣的成分存在。

你可以從一百個人口中聽到：「我希望能夠賺大錢。」可是卻找不到幾個人知道自己該如何實現這個願望。

勉強擠出來的答案大概是：自己創業當老闆、做個小生意、找個薪資高的工作……就沒更進一步的計劃了。

因爲他們的目標構想不夠明確，所以很多人的夢想都只能停留在畫大餅、做白日夢，無法化爲實際行動的階段。

要在經濟不景氣的社會裡，找到一個適合自己又符合興趣的職業的確不簡單，但也絕非不可能，只是看你願意投入多少心力和時間去達成。辛苦一定免不了，風險更是不用說，重點是你有沒有本事去承受這些必經的過程。

一個清楚的目標必須考慮到每一個階段的計劃，再將計劃分為短程、中程，與長程來進行。

如果還是無法找到確切的目標，那麼不妨試著往後推算二十年，想想自己二十年後希望自己站在哪個崗位上，再仔細思考，若要實現二十年後的願望，現在該做些什麼準備。

正面思考，情況會更好

人的意念具有很大的威力，若不能用「正確」且「正面」的態度面對疾病或是困境，對自己或他人都不是件好事。

晚上九點，醫院送進一位小病人。那是個四歲的小女孩，因爲車禍，她的肋骨、骨盆腔骨折。

醫院裡沒有空的床位，孩子只能躺在擔架上。她的母親握著孩子的小手，跪在她的身邊，眼睛眨也不眨地盯著孩子蒼白的臉。

「媽媽，幫我包紮的叔叔說過幾天就好了，是不是？」

「是！」母親的臉上掛著慈愛的笑，好像很輕鬆的樣子。

「媽媽，那要過幾天？」孩子的聲音很小。

「用不了幾天，孩子。」孩子沒有說話，閉上眼睛，眼淚流了出來。

過了一會兒，孩子說：「媽媽，我好疼！」

母親彎下身子，把自己的臉貼在孩子的小臉上，擦乾孩子的淚水。當她抬起頭時，臉上依然帶著輕鬆的慈愛，笑著說：「媽媽爲妳講故事好嗎？」孩子點點頭，眼淚還是不停地流下來。

母親的故事很簡單，是關於森林裡的動物們爲大象慶生的事。牠們送給大象很多珍貴的禮物，只有貧窮的小羊羞怯地講了一個笑話給大象聽。大象高興地謝謝小山羊爲大家帶來歡樂，並說牠的禮物是最值得珍惜的。

孩子的眼睛亮起來，她擦乾眼淚，用快活的聲音說：「媽媽，牠們有蛋糕嗎？我過生日的時候妳是不是也會幫我買個最大的蛋糕？」

「當然要買蛋糕，等妳好了，我們就一起去買蛋糕。」母親的聲音那樣輕快，孩子也笑了。

「媽媽，再講一遍。」於是母親一遍一遍地講下去，她的手一直握著孩子的小手，臉上掛著輕鬆且慈愛的笑容。

過了許久，女孩終於痛得忍不住了，眼淚再次流下，並輕聲嗚咽起來。

母親一邊幫孩子擦眼淚一邊問：「妳想大聲哭嗎？」孩子點點頭。

那時已經半夜一點多，醫院裡非常安靜。

「讓媽媽陪妳一起疼好嗎？」孩子點點頭又立刻搖了搖頭。

母親把自己的手放在女孩的唇邊說：「如果妳很疼，就咬媽媽的手。」孩子咬住了媽媽的手，可是眼淚還是不停地流。

後來孩子終於睡著了，臉上還掛著淚水，母親這時也淚流滿面。

凌晨三點多，孩子從夢中疼醒，她叫了一聲「媽媽」，就輕輕地抽泣起來。

母親說不出話來，只能輕輕地叫著：「我的孩子！」

「孩子要哭，妳就讓她大聲哭吧。」一個聲音在房間裡響起。

「孩子，妳哭吧。」房間裡的人齊聲說著，他們竟然是醒著的。

母親看著孩子的臉說：「想哭就哭吧，好孩子。」

「叔叔、阿姨不睡了嗎？」孩子哽咽著問，眼淚浸濕了她的頭髮。

病房裡能走動的人都來到了孩子的跟前，一個四十歲左右的婦女拿起橘子，邊剝皮邊說：「吃個橘子吧，小寶貝，吃了橘子妳就不疼了。」說著眼淚滾落在孩子的臉上。

孩子吃驚地看著她，然後伸出自己的小手去擦阿姨臉上的淚，那女人更止不住地哭泣起來：「我從來沒看到過這麼懂事的孩子……」

那一夜，大家都沒有睡，每個人都被那孩子和她母親感動。

心態決定你的未來

許多西方國家的觀念裡，病人並不認為自己是「病」人，只是需要暫時休息，行動略有不便而已。所以不管是病患還是家屬，都能用樂觀的態度面對疾病，這當然不代表他們不擔心、不關心，但是他們更相信病可以痊癒。

作家紐曼曾經寫道：「所有事情的好壞，並不在事件的本身，而是每個人對事件的看法和解讀。」

因此，當你面對糟糕透頂的「壞事」時，只要能夠換個角度重新思考，那麼你將會恍然發現，這件所謂的「壞事」，其實並沒有想像中那麼壞。

人的意念具有很大的威力，若我們不能用「正確」且「正面」的態度面對疾病或是困境，對自己或他人都不是件好事。

故事中的母親深知這點，因此一直以輕鬆的態度安慰女兒。她知道只有這樣，才能眞正幫助女兒忘掉疼痛，同時也教導女兒，苦痛是人生必須面對的考驗，不能因爲自己的苦難，就影響他人。

只有觀念正確的母親，才能教出如此貼心的孩子。

唯有真誠，能使人生有成

誠信和誠意必須靠多年的口碑和表現才能建立起來，可是要毀滅它卻是彈指之間的事，它不能給你第二次機會。

品管部主任在產品第二關抽檢時發現，一批銷往義大利的銀飾品的拋光率出了一點小問題。他向上面提出兩點解決方案，一是將有瑕疵的產品挑出淘汰，一是降低品管標準讓產品過關。

副總認爲，品管主任是以非常專業的角度去挑選這批貨，但客戶與消費者不會注意那麼多。小瑕疵並不明顯，而且這批貨的貨主是公司的老客戶，對產品一向不會主動檢查，按期交貨才是當前最重要的事。於是副總在降低品質標準一欄簽了字。

準備出貨前夕，品管部主任再三考量後，還是把這件事向董事長反映。董事長立即召開會議，既沒有當眾批評副總，也沒有讚揚品管部主任，只講了一個故事。

董事長曾是一家玩具工廠的業務員，主要服務對象是日本客戶。玩具工廠生意興隆，賺了大錢，後來因爲玩具偷工減料，被日本客戶察覺，提出退貨要求。

廠方希望看在多年合作的情分上不要求退貨，並說玩具內部的塡充物不會影響產品品質，只要消費者不拆開看，就不會發現。

日本客戶則認爲合約上規定的材料不應更改，劣質的產品如果被消費者發現，會連公司其他產品都拒絕購買。結果，那些玩具被全部被退回，重新拆開加工，廠商損失五十多萬。

產品出來後，日本客戶提高了抽檢率，還派人駐廠監督。廠方覺得這是小題大做。日本客戶則說：「我們已經不是合作夥伴。我方所做的僅是履行最後兩個月的合約，保證產品品質。」

廠方覺得事態嚴重，多次道歉和協商，但對方解釋說：「在日本，你只要欺騙別人一次，就沒人要和你打交道。」

董事長說完故事後，大家終於知道事情的嚴重性。於是用了兩個晚上通宵趕製新貨，終於在交貨期限的最後一小時送達客戶手中。

義大利客戶得知後寄來了感謝信，品管部主任後來也升為生產部經理。

心態決定你的未來

一位在商場上縱橫多年的高級主管告訴我一個故事。

某日他們接待了一位來往三十多年的老客戶，從機場接機，一起吃飯，到送他進飯店，他都全程作陪。

隔天一早，客戶要搭五點多的飛機離開。照理說，他可以請手下的職員到飯店接客戶上飛機，但是他覺得自己必須親自完成這件事，於是凌晨三點多就起床，開了一個多小時的車到飯店，親自送客戶上飛機。

這位高級主管是老闆之下，所有人之上，公司最重要的管理者。他之所以這麼做，並不是爲了討好、巴結客戶，完全只爲了「誠意」二字。即使他和老客戶相識多年，也不因爲「熟識」而忽略了誠意。

還記得「雪印」這間乳品公司嗎？有一陣子他們的產品消失在市面上，原因是一次中毒事件，導致公司倒閉。追查出事起因，發現是未依規定清洗製乳機械，導致細菌汙染。

這個很基礎的疏忽，讓雪印這家頗受消費者歡迎，成立多年的公司在一夕之間倒閉。直到多年後，才又慢慢在市面上看到它的身影，可是，已經不如從前那麼讓人愛戴。這也是一種「誠信」問題。

誠信和誠意必須靠多年的口碑和表現才能建立起來，可是要毀滅它卻是彈指之間的事。

也因此，必須愛惜自已的誠信和誠意，因爲它不能給你第二次機會。

把生活圈打開，擴張自己的人脈

在這個容易產生孤獨感的時代，更該踏出自己的圈圈，不僅僅是「資源」的利用，更是心靈的糧食。

一家保險公司為新進人員辦了一場課程，教導他們如何接觸更多的人，擴大自己的生活圈。

主管用圖詮釋人生寓意。他首先在黑板上畫了一幅圖：一個圓圈中間站著一個人。接著，他在圓圈的裡面加上了一座房子、一輛汽車、一些朋友。

主管說：「這是你的舒服區。這個圓圈裡面的東西對你來說都很重要，你的房子、你的家庭、你的朋友，還有你的工作。在這個圓圈裡頭，人們會覺得自在、安全，遠離危險或爭端。」

主管說完之後環顧四周，接著問：「現在，誰能告訴我，當你跨出這個圈子後，會發生什麼事？」

教室裡頓時鴉雀無聲，一位積極的學員打破沉默：「會害怕。」

另一位則認為：「會出錯。」

主管微笑著說：「當你犯了錯，會造成什麼樣的後果？」

一開始就回答問題的那名學員大聲答道：「我會從中學到東西。」

「正是，你會從錯誤中學到東西。當你離開舒服區以後，學到了以前不知道的東西，增加了自己的見識，所以你進步了。」

主管再次轉向黑板，在原來那個圈子之外畫了個更大的圓圈，還加上一些新的東西、更多的朋友、一座更大的房子等等。

「如果你老是在自己的舒服區裡頭打轉，就永遠無法擴大自己的視野，永遠無法學到新的東西。只有當你跨出舒服區以後，才能使自己人生的圓圈變大，才能把自己塑造成一個更優秀的人。」

我們都習慣在自己的生活圈裡過日子，在裡面，我們熟悉、放心，有掌控狀況的能力。

在這個大生活圈中，又散佈著無數個小圈圈，每一個圈圈都代表你人生中的每一段歷程，你可能遺忘它許久，也可能繼續與它接觸。奇妙的是，多數人的小圈圈總是各自獨立，不會有太多的交集。

你每一個求學時期的朋友、工作上的同事、娛樂活動時認識的同伴、家族中的親朋好友等等，互相認識的又有多少呢？

在我們的每一群朋友中，都有一種屬於這個團體的面貌，也有屬於彼此的秘密，我們希望保留某一個部分，讓大家留下完好的印象。

然而，如此一來，就很容易把自己關在一個有限的空間中，永遠只能在裡頭打轉，無法讓視野更開闊。

西方國家的文化是，常有一家主人舉辦家庭聚會，來的卻是朋友的朋友，大家還是和樂融融，這就是個人的人脈。至於華人，雖然待人熱情，但也比較保守，重視所謂的「親疏」關係。

可是，在這個人們容易產生孤獨感的時代，更該踏出自己的圈圈，讓我們的朋友彼此認識，將這些小圈圈拉在一起。

這樣一來，你將有更多可以分享心事的同伴，也有更多人會注意、關心你。這種擴大人際關係的方法，不僅僅是「資源」的利用，更是心靈的糧食。

越多壓力，越要盡力

當我們不得不背負時代的壓力、大環境的無奈時，「盡力而為」就成為治療自己內心遺憾的最好辦法。

英國記者迪克里．卡特拍攝的一幅反映蘇丹大饑荒的新聞照片榮獲普利茲獎。這原本是件值得慶幸的事，最終卻釀成了悲劇，因爲他因此自殺了！

迪克里從小就喜愛攝影，總是把所有零用錢都拿去買底片，爸爸爲了鼓勵他發展興趣，還買了一台昂貴的萊卡相機送給他。

他擅長搶拍，能抓住最激動的人心、有意義的一瞬間。還能運用電腦技術，拍出子彈穿過薄紙那萬分之一秒時間的照片，技術非常高明。

一九九四年五月及六月，蘇丹遭遇百年未見的大旱，滴雨不下，土地都乾裂了，成群的災民不分男女老少都跪在乾旱的土地上求雨。

迪克里．卡特奉命到蘇丹採訪大饑荒的新聞，他發現一個場景：一隻專吃死屍的禿鷹目光貪婪地盯著一位瘦得皮包骨，幾乎趴在地上的蘇丹小女孩，等待她死去之後吃掉她。

迪克里按下相機的快門。

這張題為〈大飢荒〉的照片發表之後，他榮獲普利茲獎。

照片引起很大的爭議，許多讀者質問迪克里．卡特：「危難時刻為何不向小女孩伸出援手？記者的良心何在？」

當時蘇丹政府警告外國記者不准接觸饑民，因為可能染上瘟疫。卡特拍完照片後雖然趕走了禿鷹，但這並不能讓他安心。他眼前始終閃現小女孩饑餓與渴望救助的眼神，他的內心深感愧疚和自責：「我沒有抱起那個即將餓死的小女孩回家撫養，讓我終生後悔與痛心！」

他榮獲普利茲獎後，父親罵他見死不救，是個小人；妻子罵他沒有人性，

鬧著要離婚；女兒哭著說：「你自私！爲了得獎不惜以蘇丹小女孩的生命作爲代價，我不認你這個父親！」

迪克里．卡特無地自容，自責的心讓他撕掉那張獲獎照片，並於一九九四年七月二十七日自殺，當時他才三十三歲。

迪克里．卡特的自殺對於記者來說，應該是一種警惕。

「該不該讓新聞發生？該不該讓悲劇發生？」這是一個涉及新聞倫理和記者職業道德的沉重話題。

然而，很可惜的是，一直到今天，媒體工作者爲了搶收視率，經常不顧受訪者與自己的安全和道德問題，貼身跟拍、捏造不實報導等情況，讓人不由得感嘆社會病了！

像迪克里．卡特這樣的記者，雖然受到許多人的指責，還是讓人同情的。

在當時的情況下，相信他也無能爲力。誰也無法判斷當時除了趕跑禿鷹之外，是否還能多做一點選擇。

當我們不得不背負時代的壓力、大環境的無奈時，「盡力而爲」就成爲治療自己內心遺憾的最好辦法。

迪克里．卡特日日夜夜爲了自己沒有伸出援手而懊惱自悔，他是死於自己的良心譴責。但是死並不是眞正的解脫，他只能帶著遺憾離開人世。對於死去的小女孩、成千上萬的災民並沒有實質上的幫助。了解災區慘況的他，更應該帶領同胞們協助難民。

指責迪克里．卡特無情的人也必須適可而止，與其無意義謾罵，不如想想該怎麼做才能幫助受難者。

迪克里．卡特已經將災區最眞實的畫面呈現在世人眼前，接下來該做的，就是該怎樣去改善這個狀況。

別讓束縛綁架幸福

為人子女若總是將「金錢」掛在嘴邊，以它為第一順位而不用心替父母著想，就是一種自私的表現。

小晴的父親在她很小的時候就因爲車禍身亡了，她們母女倆相依爲命，過著辛苦的日子。

母親日夜不休地替人縫製衣服，賺取微薄的工資養家活口，小晴也很懂事，努力勤奮地讀書。她暗暗發誓，長大之後一定要闖出一番成就，讓母親過著舒服又幸福的好日子。

有一天，小晴放學回家，聽到母親多年不見的笑聲，其中參雜一道陌生的聲音，走進屋裡一看，是個陌生的中年男子。小晴突然想起死去的父親，便對陌生男子產生一股敵意。

母親看見她，紅著臉介紹著：「這位是李叔叔。」

李叔叔臉上堆滿笑意，忙著從袋子裡拿出一包東西遞給小晴。小晴楞住了並沒有接過來，反而沉著臉跑回自己的房間，躲在被窩裡哭了。

那晚，母親站在小晴的門外許久，只說了一句話：「李叔叔送妳一套新衣服，明天的演講比賽可以穿。」

到了第二天，小晴仍然穿著舊衣服，在母親失望的目光中堅定地走出家門。小晴果然不負眾望拿下第一名，母女倆都很高興，只是，那位李叔叔再也沒有出現了。

多年後，小晴大學畢業進入職場工作，認識了一個不錯的對象，而且論及婚嫁。小晴結婚的那天，母親說什麼也不肯一起拍結婚照，說自己是寡婦，不能跟新人一起上鏡。

小晴望著母親滿頭銀髮，忽然想起那位李叔叔，又想起母親忙碌操勞大半

輩子的身影。自己出嫁後，想到母親將一個人孤獨守著空屋子，小晴哭了。她現在才明白，年少的自己犯了一個多麼傻的錯誤。

母親笑著對小晴說：「傻孩子，媽媽不怪妳，妳幸福我就幸福啊！」

然而對小晴來說，她的幸福裡面一直有著隱隱作痛的遺憾。

心態決定你的未來

報上曾經刊載過一則消息。有一個喪偶多年的老父親，認識了對岸一位和自己年紀差不多的寡婦筆友。

經過長時間的通信，彼此覺得心靈相通，老婆婆就辦了手續從大陸飛來台灣，打算和老先生一起作伴度過晚年。

可是老先生的兒女並不這麼認爲，他們覺得老婆婆這麼做的「動機」絕對不單純，一定是爲了分財產才接近自己的父親。因此從來不給老婆婆好臉色看，常常冷言冷語諷刺她。

好脾氣的老婆婆剛開始都不跟晚輩計較，但久了之後也會受不了。某一天，她什麼也沒帶就突然離開台灣回到大陸，再也沒出現了，因爲她要證明自己，不是爲了「錢」才接近老先生的。

看到這裡，相信很多人都會感到惋惜。試想，當父母年紀大了之後，子女又有自己的家庭責任無法陪在身旁，有一個人能夠陪伴年邁的父母安度晚年，是多麼難能可貴的事。

年幼的孩子看到父親或母親的地位被另一個陌生人取代，會產生抗拒的心態是正常的。可是身爲成年人的子女，若總是將「金錢」掛在嘴邊，以它爲第一順位而不用心替父母著想，就是一種自私的表現。

別讓自己的幸福，成爲別人的遺憾。

誠實坦白，才能釋懷

坦然面對自己的錯誤，勇敢面對，思考該如何負起責任，才能減輕內心不舒服的感覺。

老張在偶然間發現兒子的抽屜裡有一本日記，他在裡面寫了一段話：「上了國中以後，我的心裡就覺得特別孤獨。除了上學，父母都把我關在房間裡，做那些永遠也做不完的功課。我多麼想到外面去和同學一起打籃球、踢足球，輕輕鬆鬆地玩一玩啊！我恨死他們了。」

老張原本一直以爲兒子很聽話乖順，萬萬沒有料到原來他的心裡竟然如此痛恨自己。

這天晚上，兒子發現日記本被動過了，就去詢問父親，老張當然不肯承認。兒子看了他一眼，什麼也沒說，就把自己關回房間裡。

第二天趁兒子上學，老張又進到兒子的房間，想從日記本裡看看兒子對這件事是怎麼想的，沒想到兒子卻在抽屜外面加了一把鎖。老張頓時意識到，自己的確犯了一個大錯，心裡非常懊悔。可是，他還是很在意兒子的想法，想知道日記裡又寫了些什麼。

晚上兒子放學回家，老張對兒子說：「你能原諒爸爸嗎？」

兒子冷冷地回答他：「不就是看了我的日記嘛！」

「那……」老張說，「如果你肯原諒爸爸，就請你把鎖拆了，別把爸爸當個小偷似的。」

兒子一聽更不高興，把抽屜鑰匙朝老張手裡一塞：「你滿意了吧！」

自從這次之後，本來話就不多的兒子，話更少了，回到家之後就是把自己關在房間裡不出來。

幾天之後，一心想走進兒子內心世界的老張再一次來到兒子的房間，他驚

訝地發現，兒子的抽屜雖然沒有上鎖，但那本日記卻不見了蹤影。

那天晚上，察覺自己的抽屜又被動過的兒子鄭重其事地對爸爸說：「爸爸，你是不是看不到我的日記覺得很失落啊？告訴你吧，我把日記本扔了，並且發誓，從今以後我不會再寫日記了。」

心態決定你的未來

從兒子第一次發現老張偷看了他的日記開始，老張的處理方法就走向錯誤的方向。老張當下該做的第一件事，就是爲自己侵犯了兒子的隱私道歉。然後，找時間和兒子談心，了解他的課業壓力和眞正的需求。

可是老張沒有這樣做，反而一次又一次試圖偷窺兒子的秘密。他關心孩子的心情雖然讓人理解，但做法卻不讓人認同。

這是因爲他打從心底不能接受孩子「不滿」自己求好心切的安排，他認爲孩子應該懷抱感激的心讀書，感謝父母的用心。再加上他拉不下臉承認自己

「偷看日記」這種的行爲是錯的，就是這種心態，讓老張以關心爲藉口，繼續「偷窺」的行爲。

坦然面對自己的錯誤，確實令人感到難堪、難以忍受。但即使再後悔、懊惱，也無法抹滅曾經留下的記號。

只有勇敢面對它，思考該如何負起這個責任，才能減輕內心不舒服的感覺。千萬別試圖用一個謊去圓另一個謊，這樣只會讓惡劣的狀況陷入無止盡的迴圈當中，得不到解脫。

或許我們無法完全改變這個錯誤，但是我們能儘量改善。當已經盡了一切努力之後，就應該放寬心胸，接受所處的狀況。

PART 10

運用優勢，才能得勢

無論是與生俱來或後天努力習得的利器，
像是充沛的財富、傲人的頭銜等優勢，
若沒有善加利用，充其量只是外在的一項裝飾。

小事不可輕易忽視

越是雞毛蒜皮的小事，越不能輕易忽視。正因為那是小事，我們更應該要花最少的時間把它做到最好，才有出頭的機會。

二十世紀中期，英國作家雅各發表了一本撼動全球的小冊子，這本冊子裡詳細記載了德國希特勒軍隊的組織機構、各個軍區的概況、參謀部人員部署，以及其中一百六十多名指揮官的姓名和簡歷，甚至連剛剛成立不久的裝甲師內部的步兵小隊，也在這本冊子中被披露無遺。

這本冊子發表後，希特勒大發雷霆，因爲裡頭敘述的全都是極重要的軍事機密，怎麼可能會被一個英國人知道呢？究竟是誰向他洩漏了這些機密？

德國情報機構把雅各綁架到柏林，逼問他消息的來源。

但是雅各的回答卻令人大吃一驚，他坦然地說：「我全部的資料，都是來自德國的報紙。」

原來，雅各花了很長的一段時間，一直細心地閱讀德國大大小小的報刊，蒐集軍事方面的報導，不管任何大大小小的資料，他都一一摘錄下來，就連某某將軍結婚的消息也不放過。

之後，他再根據資料的內容進行分類，把所有零星的消息編排在一起，交錯分析、比較、推論，結果就拼湊出一幅完整的德國軍隊組織狀況圖。

看似不重要的細節，其實正是堆砌成功的磚瓦。

鴻海董事長郭台銘說：「魔鬼都在細節裡。」意思是說，如果不想出錯，就不能放過每一個細節。

星雲法師也曾言：「『小』有很多功用，小小的微笑，給人無限的歡喜；小小的愛語，給人無邊的受用；小小的善行，給人無量的因緣；小小的故事，給人無盡的啟示。但是，『小』也不可輕，諺語有云：『小孔不補，大孔叫苦。』佛教也說：『一念瞋心起，百萬障門開。』」

「星星之火，足以燎原」，哪怕是一點點的星火，都要謹慎小心；不將它熄滅，遇緣成了大火，將會禍害無窮。

《毘尼日用》曰：「佛觀一缽水，八萬四千蟲。」細菌雖小，肉眼無法看得見，但是不良的細菌若在身體裡不斷滋生，卻會造成人體百病叢生。

越是雞毛蒜皮的小事，越不能輕易忽視。不要因爲那是小事就不去做，正因爲那是小事，更應該花最少的時間把它做到最好，才有出頭的機會。

在這個競爭激烈的時代，注重細節還不夠，更要注重細節中的細節，如此才不會被世界淘汰。

運用優勢，才能得勢

無論是與生俱來或後天努力習得的利器，像是充沛的財富、傲人的頭銜等優勢，若沒有善加利用，充其量只是外在的一項裝飾。

一名弟子上山學藝，就在他快要學成下山時，師父給了他一道難題，命令弟子必須通過九九八十一關的艱難考驗才能畢業。

挑戰之前，師父給了弟子一個法寶，裝在他的包袱裡，並且告訴他說：「這個法寶有著異想不到的妙用，不管你走到哪裡，都要帶著它，它可以保佑你逢兇化吉、遇難成祥。」

果真，靠著這個法寶，弟子平安度過了無數的山川與廣闊的沙漠，也輕鬆地戰勝了嚴寒酷暑。靠著這個法寶，他總算順利地闖過了前面的八十個難關。

最後一關，是一座險峻的大山。弟子希望這個法寶能夠給他一身輕功，讓他翻山越嶺，無往不利。

只是，不知道是這座大山實在太高了，還是這個法寶的作用有限，弟子爬到半山腰時，遇到一處懸崖，不管他如何使勁都爬上不去。好幾次，他幾乎要成功攀上去了，但是由於包袱裡的那個法寶太重，讓他使不上力。

原本一路上都在幫助他的法寶，此時反而成了他的阻礙。

就這樣，弟子在懸崖下徘徊了三天三夜，心裡開始對師父的叮嚀產生了懷疑，猶豫著是不是應該把法寶丟掉。

正在此時，師父出現了。

師父問他遭遇到什麼問題，弟子說，「法寶失靈了。」

面對一臉挫敗的徒弟，師父神態自若地笑著：「看來，你還沒有完全領略到我的教誨啊。所謂的法寶，或許有通天的本事，但也只是助你一臂之力而已。就拿現在來說吧，與其寄望法寶賜給你神奇的力量，爲什麼不乾脆拿它來當墊腳石，幫助你少花一點力氣呢？」

故事中的這個「法寶」，正是我們平時所仰賴的東西，無論是財富、地位或是美貌。每個人都有自己的優勢，但是很少人懂得善用自己的優勢，更少人知道要如何將自己的劣勢轉化爲強悍的優勢。

無論是與生俱來或後天努力習得的利器，像是充沛的財富、傲人的頭銜，甚至是姣好的外貌等優勢，若沒有善加利用，充其量只是外在的一項裝飾罷了。財富、地位、容貌……並不是讓你在人前誇口用的，而是要讓你好好發揮，獲得有利形勢，以便一展長才。

倚賴優勢，會使發展受到限制，唯有發揮優勢，出路才無遠弗屆。不要去想才能能夠帶來什麼好處，而要去思索怎樣方能將長才發揮得恰到好處。

行動積極，才不會坐失良機

我們都擁有無法計量的潛力，能夠達成的事有時連做夢都想不到，只是往往缺乏積極的心態，而錯失許多成功的機會。

一九三〇年，一名二十多歲的美國婦人養育了三個孩子和一群雞鴨。那年，當一窩雞蛋快要孵化時，生蛋的母雞卻意外身亡。婦人只好把雞蛋移到灶頭，採用人工孵化的方式。

小雞出世以後，第一眼就看見少婦，牠們以為那就是牠們的媽媽，總是在少婦腳邊跟前跟後。儘管少婦挑選了另外一隻母雞來照顧牠們，但是小雞們卻不能接受自己的「繼母」，結果後來牠們因為缺少母雞的庇護而紛紛夭折。

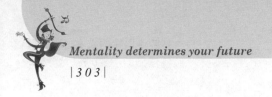

少婦從此領悟出一個道理，她知道小雞小鴨總是把出生以後看到的第一個在眼前晃動的物體當做媽媽，而且以後很難改變。

在此同時，遙遠的奧地利那邊，有個名叫洛倫茲的小夥子正在觀察一群小動物。一九三五年春天，洛倫茲從醫學院畢業，偶然發現一隻剛出世的小鵝總是喜歡跟著自己，幾經分析之後，他推論這可能是因爲這隻小鵝出世以後第一眼看見的物體是人，所以把人當做了牠的母親。

在一連串的實驗之後，洛倫茲總結出「銘記現象」，又稱「認母現象」，成爲現代動物行爲學的創始人，並於一九五三年獲得諾貝爾醫學生理學獎。

儘管那名美國婦人早在幾年前就已經發現了動物的這種行爲模式，但是她並沒有藉此進行研究，也不能提出一套理論，建立一門學科，所以不管她曾經與諾貝爾獎多麼接近，終究還是與它無緣。

成功者與失敗者的差別只在於：成功者比失敗者多做了一點，成功者比失敗者多跨了一步。

其實，我們都擁有無法計量的潛力，能夠達成的事有時連做夢都想不到，只是往往缺乏積極的心態，而錯失許多成功的機會。

人生就像是一場馬拉松賽，開始的時候，參賽者衆，到了中途，人群漸漸稀少了，到後來，場上只剩下幾個人在跑，跑著跑著不免感到孤單，甚至開始懷疑自己的能力……

大多數人都是在這個時候放棄的。

還沒看到失敗，就已經放棄成功的機會。

正因爲成功要忍受許多孤單，所以成功並沒有那麼簡單。但既然已經上路了，那就認眞跑下去吧！只要心中了解自己的終點在哪裡。

不膽怯，才可能帶領世界

面對問題時，遲遲不肯跨出步伐，只好把機會拱手讓人，眼睜睜地看他人奪取先機，成為新世界的領航者。

某位名滿天下的法國數學家，曾經受邀到劍橋大學演講。數學家一站上講台什麼話也沒說，只是在黑板上寫下了個問題：「二加二等於多少？」

接著，他轉頭問台下這群慕名來聽課的學生：「誰能告訴我答案？」

這些演算過無數複雜算式的高材生個個面面相覷，不知道這位名數學家葫蘆裡賣的是什麼藥。沒有人敢舉手發言，因為大家都認定這是個表面簡單，實際上卻非常深奧的問題。

終於，有個坐在角落的學生鼓起勇氣舉手了，膽怯地回答：「二加二不就等於四嗎？」

此話一出，引起一陣哄堂大笑。因爲「二加二等於四」，這不是廢話嗎？哪還用得著他說？

然而，數學家卻對那名同學的回答非常滿意，特地走過去拍拍那個男孩的肩膀示以讚許，並嚴肅地對在場的學生說：「是啊，這是個連幼稚園學童都會回答的問題，但是除了這名同學之外，居然沒有一個人敢舉手回答，你們其實是被自己的猜測給嚇倒的啊！」

心態決定你的未來

困難的問題碰多了，面對簡單的小事，我們自然會用比較謹慎的態度去處理，這是再正常不過的事。

只是，這群大學生犯的錯不是不敢回答這麼一個簡單的問題，卻以小人之心度君子之腹，不停在猜測數學家爲什麼要問這樣的問題。他們遲遲不敢回答這個問題，說明了這些人其實是多麼在意別人的眼光。

世界是個不斷更新的建構物，過去是原始世界，寄信到美國需要至少一週的時間，現在是數位世界，發一封電子郵件，遙遠的紐約甚至在下一秒就可以收到。此刻我們尙無法預知未來可能發生的變動，唯有秉持「勇於嘗試」的精神，才能迎接新世界的來臨。

顧慮他人的目光、在意自己的身分，使我們在面對問題時，感到猶豫與怯懦，遲遲不肯跨出步伐，只好把機會拱手讓人，眼睜睜地看他人嶄露頭角，奪取先機，成爲新世界的領航者。

窩在安全線之後的怯懦者，永遠都只能是遼闊大海的一隻小魚蝦。

笑就笑吧，有什麼關係？犯錯可以補救，但若因爲怕被人嘲笑而不敢嘗試，可是會連答對的機會都錯過！

創意，來自於集思廣益

每個人所接觸的環境不同，想法不同，看事情的著眼點自然也會不同，彙集眾人的智慧，才可獲得廣大的效益。

一天，日本岡田屋百貨公司的老闆岡田先生閒來無事，特地去巡視賣場。巡視賣場是他每個禮拜都要做的事，因爲在百貨公司裡轉一圈，不但可以和每個員工打打招呼，也可以順便了解一下各部門實際運作的情況。

正當岡田先生來到廚房用品部的時候，有兩名前來買菜的主婦認出他來，很親切地對他說：「岡田先生，很難得遇見你。既然遇到你來巡視，那我就順便對你說說我的想法吧。」說著，主婦拿起手中的一個她已經研究了很久的切菜板，繼續說：「這切菜板不知道是哪一家廠商出的，我老覺得不太實用，如果可以把它做得再窄一點、再長一點，符合流理台的形狀，切青菜的時候也夠長，不是好用多了嗎？」

岡田先生聽了以後，心裡產生了一個想法。他想，這兩位主婦居然能夠對產品有這麼貼心的建議，說不定其他主婦對產品也會有很多創新的想法。如果可以把這些想法蒐集起來，讓廠商們改進，這樣不就會有更多顧客喜歡來這間百貨公司購物了嗎？

沒多久，岡田屋百貨公司推出了一次「購買意見」的活動，請前來購物的家庭主婦踴躍提出對於各項產品的建議，建議獲得採用的人，公司將會贈送價值一萬日圓的禮券。此項活動得到家庭主婦非常熱烈的參與和響應，這些實用而創新的點子也爲岡田屋百貨公司的業績帶來了數億元的利益。

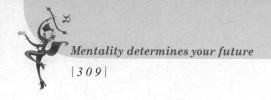

集思廣益的精髓，在於尊重差異。重視不同個體的不同心理、情緒與智能，以及個人眼中所見到的不同世界，可以讓我們眼中的世界更爲寬廣。

每個人接觸的環境不同，想法不同，看事情的著眼點自然也會不同。一個有遠見的領導者，必定知道察納雅言的重要。唯有心胸狹窄的領導者，才會有「唯我獨尊，只有我說了算」的念頭。

所謂的創意，正是來自於集思廣益，應該多聽取別人的意見。對方的意見與自己的相同，說明了英雄所見略同；對方的意見若是與自己不同，可能是對方注意到自己忽略的細節。

彙集衆人的智慧，才可獲得廣大的效益。

從平凡中開創不平凡

倘若能夠善用自己身邊的每一分資源，掌握每一次機會，即能從平凡中開創不平凡的格局。

尼達還不到二十歲，就進了比利時的哈羅啤酒廠工作。

那時，他喜歡工廠裡一個很漂亮的女孩子，那女孩卻對他說：「我是絕對不會看上一個像你這麼普通的男人的。」

於是，尼達決定發憤圖強，努力讓自己變成一個不普通的男人。

當時哈羅啤酒廠的業績一年比一年差，因為營業額不夠高，所以啤酒廠沒有辦法在電視或報紙上做廣告。因為沒有做廣告，哈羅啤酒的銷售量更差了。

在銷售部門工作的尼達幾次建議廠長做電視廣告，但是都慘遭拒絕。因此，尼達決定冒一次險，他貸款承包了啤酒廠裡的銷售工作，決定要想個辦法打響哈羅啤酒的名聲。

一天，他徘徊到了布魯塞爾市中心的廣場，看見廣場中心的撒尿男孩的銅像。這個銅像是爲了紀念一名用自己的尿澆滅了侵略者炸城的導火線，從而挽救了這個城市的小英雄。尼達看著這尊銅像，靈機一動想出了個絕妙點子。

隔天一早，路過廣場的人們發現尿尿小童的尿變成了色澤金黃、泛著泡沫的「哈羅」啤酒，旁邊豎立一塊看板，上頭寫著「哈羅啤酒免費品嚐」。

有免費啤酒可喝的消息很快就在市中心傳了開來，成千上萬的民衆從家裡拿出自己的瓶子杯子，排隊去接啤酒喝。

孩童雕像灑出的尿，竟是美味的啤酒，讓遊客大譁，爭相尋覓這種啤酒。

電視台、報紙、廣播電台爭相報導這件奇事壯舉。哈羅啤酒這年度的銷售量高達上一年度的十八倍。尼達也因此成了一個一點兒也不普通的男人。他成爲聞名布魯塞爾的銷售專家，也當上哈囉啤酒的營銷總監，由他策劃的啤酒文

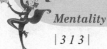

化節會在歐洲多個國家盛行多年。

這其實是視覺上的「出人意表」宣傳法，如果你掌握此法，就可以拓展運用到其他方面，包括聽覺、嗅覺、味覺、觸覺等。

想要達到宣傳效果，不一定要循傳統的方式花錢買廣告版面，還有另一種方法，是讓自己變成一則新聞，自然而然地躍上媒體。

辦法是人想出來的。有資金可用，能買到許多出名的機會，但沒錢，也能運用創意吸引眾人的目光，差別只在於要不要花心力，動腦思索罷了。

這個世界只有少數人天資聰穎，絕大多數的人都是庸俗之輩。我們身處的環境其實也大同小異，但是倘若能夠善用自己身邊的每一分資源，掌握每一次機會，即能從平凡中開創不平凡的格局。

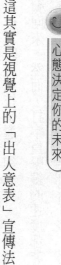

能解決問題的就是好辦法

假使聰明的方法並不能解決問題，那麼為什麼不嘗試用一個笨方法呢？只要能解決問題的，就是好方法。

十九世紀末期，邵爾斯公司是當時規模最大的打字機公司。

由於當時機械技術還不夠完善，字鍵在敲擊之後，需要花上一秒鐘的工夫才能彈回來，然而，打字員擊鍵的速度都非常快，因此經常產生兩個字鍵重疊在一起的現象，打字員必須要中斷打字，用手將字鍵分開，造成許多困擾，讓整個作業流程無法順暢進行。

爲了解決這個問題，邵爾斯公司的高階主管及技術人員絞盡腦汁，都想不出可以一勞永逸的解決方案，因爲無論他們多麼努力，也實在沒有辦法再加快字鍵彈回的速度了。後來，一名小職員突發奇想，提議說：「打字機疊字的原因，一方面是因爲字鍵彈回的速度太慢；另一方面，也是因爲打字員擊鍵的速度太快。既然我們沒有辦法提高字鍵彈回的速度，爲什麼不想辦法降低打字員擊鍵的速度呢？」

此話一出，立刻贏得大多數人的贊同。他們經過一番仔細研究之後，發現如果要降低打字員打字的速度，最簡單的辦法就是打亂二十六個字母的排列順序，把比較常用的字母放在較爲笨拙的手指下，而把那些不常用的字母放在比較靈敏的手指下面。

這個改變的確大大改善了打字機疊字的情況，直到今天，我們都仍然延用那一套鍵盤字母的排列順序。

雖然早已有人發現這樣的排列方式會降低打字的效率，不斷地發明新的、更有效率的鍵盤排列樣式，然而，在市場上卻始終乏人問津。可見「習慣」之於人的力量有多麼強大！

假使聰明的方法並不能解決問題，那麼為什麼不嘗試用一個笨方法呢？

曾經有位財經記者研究有錢人的理財模式，他驚訝地發現，只有小部分的有錢人是靠金融投資來理財的，絕大部分的有錢人，都沒有什麼特殊的理財方法，他們只是傻傻的把錢放在銀行裡而已。

可見看似聰明的方法未必有用，愚蠢的方法也未必有什麼不好。如果那些不善投資的有錢人選擇比較投機的方式理財，說不定早就把家產賠光，反而是用比較笨拙的方法，才可以安穩踏實的累積財富。

因此，不管是笨想法、妙點子，只要能解決問題的，就是好方法。

破除框線，希望才會無限

不要小看那些「普通人」，他們也許武藝不精、功夫不強、身手不矯捷、學識不精通，但是他們是在框線之外，你卻是在框線之內。

如果你必須和人打架，你會選擇一名普通人，還是一位空手道冠軍？

相信凡是有腦子的人，都會選擇和普通人交手。因爲光是「空手道」這三個字，就足以令人聞風喪膽。

空手道選手一出拳，不但拳拳到肉，而且打架對他們來說根本就是家常便飯，一般人怎麼可能贏得了他們呢？

然而，事實上並不一定如此。

美國有一則新聞報導，在高速公路上有兩輛車因爲些微擦撞，兩名駕駛員

一言不和，就在路邊打起架來。這兩名駕駛員，一個是普通人，另外一位則是知名的空手道冠軍，結果交手不到幾分鐘，空手道冠軍居然輸了！

這樣離奇的結果登上了美國報紙的頭版新聞。

報社記者分析空手道冠軍之所以敗北的原因，是因爲「空手道冠軍有一個習慣，就是不打頭部，腰部以下也不打」。可是普通人哪管那一套規矩，他只管打架，沒有任何包袱與約束，一拳就狠狠打在空手道冠軍的鼻子上，當場就讓對方倒地不起。

心態決定你的未來

驕傲自滿是要不得的，它會導致盲目自信，甚至不思進取。

一個人會的東西越多，身上的束縛反而越重。就像飯店裡的大廚回家炒菜一樣，絕對沒有家庭主婦做得得心應手，因爲他必須使用專業級的器具，拿出專業級的技巧，花的功夫與時間，當然也是專業級的。

人的認知和觀念都源於過去的生活經驗，生活中遭受過許多挫折和打擊的人，很少有自負的心理，相反的，生活過於平順，則很容易養成自負的性格，常對自己的評價過高，總是低估別人的能力，最後導致慘敗的下場。

不要小看那些「普通人」，他們也許武藝不精、功夫不強、身手不矯捷、學識不精通，但是他們是在框線之外，你卻是在框線之內。

他們有著無限的可能，而你卻遲遲不敢打破規矩。只因爲你知道你自己是誰，他們卻誰都可以是。

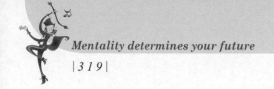

PART 11

忘掉難過，歡樂更多

能改善的部分都盡力了之後，
就該忘掉那些惱人的部分，
只記住美好的部分，
這才是讓生活更輕鬆自在的處世態度。

用堅毅抵抗壓力

強化自己對於困境的承受能力，從失敗中汲取經驗。跌破大家的眼鏡，展現自己堅毅的一面。

有一個農民，初中只讀了兩年，家裡就沒錢供他繼續上學，於是他輟學回家，幫忙父親耕種三畝大的貧瘠田地。

在他十九歲那一年，父親去世了，家庭的重擔全都壓在他的肩上。他要照顧身體不好的母親，還有一位癱瘓在床的祖母需要看護。

二十世紀八〇年代，農田終於開放給農民承包。他把一塊水窪挖成池塘，想在裡面養魚，但鄉裡的地政官員告訴他水田不能養魚，只能種莊稼，他只好把水塘填平。這件事成了當地的大笑話，在別人的眼裡，他是一個想發財但又非常愚蠢的人。他聽說養雞能賺錢，便向親戚借了五千元，買了一批小雞養了起來。但是一場洪水過後，所有雞都得了雞瘟，幾天內全部死光了。

五千元對別人來說可能不算什麼，但對一個只靠三畝薄田生活的家庭而言，簡直是筆天文數字。他的母親受不了這個刺激，竟然憂鬱而死。

他後來還釀過酒、捕過魚，甚至還在石礦的懸崖上幫人打過零工，可是都沒有賺到什麼錢。

他到了三十五歲還沒娶老婆，因爲他實在太窮了，即使是離了婚帶著孩子的女人也看不上他。因爲他只有一間土屋，並且隨時可能在一場大雨之後倒塌。娶不到老婆的男人，在農村裡是沒有人看得起的。

但他還想放手一搏，就四處借錢買一輛手扶拖曳機。不料，上路才不到半個月，這輛拖曳機就載著他連人帶車衝入一條河裡。

他斷了一條腿，成了瘸子。至於那部拖拉機，被人撈起來時，已經支離破碎，只能拆開它當作廢鐵賣了。

所有的人都說他這輩子完了。

但是後來他成了某個城市裡一家公司的總裁，手中有兩億元的資產。

當記者問他：「在苦難的日子裡，你憑著什麼一次又一次毫不退縮？」

他坐在寬大豪華的沙發上，喝完手裡的一杯水。然後，把玻璃杯子握在手裡，反問記者：「如果我鬆手，這個杯子會怎樣？」

記者說：「摔在地上，碎了。」

「那我們來試試看。」他說。

說完他把手一鬆，杯子掉到地上發出清脆的聲音，但並沒有如記者預料中摔碎，而是完好無損。

他說：「即使是十個人在場，十個都會認為這個杯子必碎無疑。但是，這個杯子並不是普通的玻璃杯，而是用玻璃鋼做成的。」

爲什麼擁有相同條件的人，有些人不堪一擊，有的人卻愈戰愈勇呢？差別就在於那顆「心」的堅強程度。

就像電玩世界裡的人物，有些角色雖然擁有技能優越的寶物，可是如果經驗值不足、戰鬥力不強，一樣無法將寶物的特性發揮得淋漓盡致。

許多英雄人物過去的事蹟被誇大到如同神話般的境界，讓人們覺得他根本就是天賦異稟。然而他們更讓人敬佩的卻是，雖然也曾失意、喪氣，可是從不放棄繼續往上爬的精神。

故事中這位農民雖然經歷許多苦難，可是他不讓自己被打倒，甚至更加強化自己對於困境的承受能力，從失敗中汲取經驗，如同看似玻璃製成的杯子，卻擁有玻璃鋼的堅韌。

讓自己成爲一個堅強的人，即使大家都認爲摔在地面上的自己會破碎，也要跌破大家的眼鏡，展現自己堅毅的一面。

忘掉難過，歡樂更多

能改善的部分都盡力了之後，就該忘掉那些惱人的部分，只記住美好的部分，這才是讓生活更輕鬆自在的處世態度。

默特爾唸小學二年級時，有一天放學回家，一進門就撲進媽媽的懷裡抽泣：「下課休息的時候，一個男同學高聲說：『默特爾，默特爾，慢得像龜沒法逃，長得這樣胖怎麼辦才好？』然後人人都跟著他說……他們爲什麼要嘲笑我？我該怎麼辦？」

「我想最好的辦法就是，他們鬧你的玩笑，你就跟他們一起鬧。」媽媽一邊安慰他，一邊提供解決的辦法。

「怎麼鬧？」

「我們不妨用喜兒糕試一試。」媽媽的眼睛閃閃發亮。

「喜兒糕？」

「對！默特爾的喜兒糕。我們現在就來做。」

很快地，廚房裡就瀰漫著烘烤巧克力、草莓、奶油和果仁的香味。麵粉團剛烤成淺咖啡色，媽媽就把蛋糕從烤箱裡取出來。

「你的班上有多少個同學？」她問。

「一共二十三個。」默特爾回答道。

「那麼我就把喜兒糕切成二十八塊。分給每個同學一塊，老師湯姆金斯太太一塊，再讓她帶一塊回去給她的丈夫，還有一塊給校長先生，剩下的兩塊我們現在就吃。」

「明天我開車送你到學校之後，」媽媽說：「會先去跟湯姆金斯太太談談。到時候她會叫你的同學排好隊，然後一個接著一個對你說：『默特爾，默特爾，請你給我一塊喜兒糕！』」

「接著，你就從盤子裡劃起一塊來放在餐巾紙上，拿給同學並對他說：『我是你的朋友默特爾，這是你要的喜兒糕！』」

第二天，媽媽所說的全都實現了。

從此以後，同學作的第一首打油詩沒有人再唸了。現在默特爾不時聽到同學唸道：「默特爾，默特爾，給我烤個喜兒糕！」

媽媽在萬聖節、聖誕節和情人節都烤喜兒糕，讓默特爾帶到學校分送給同學。昔日嘲笑他的人都成了他的朋友。

心態決定你的未來

默特爾的母親是一位很了解孩子心理的母親，對於幼小的孩子們不了解玩笑話的嚴重性，以及將對他人造成傷害的這一點，她用了最溫和而且最有效的方式來解決。

她並不急著跑到學校找老師或學生家長興師問罪，反而用另一種「遊戲」

的方式巧妙改變了整個局面。這個「遊戲」的鬧法，就是讓他們只記得有趣、好玩又好吃的部分，忘掉先前的玩笑與嘲弄。

從單純的孩子身上，我們也能學到一個寶貴的經驗——只要記住好的部分，不愉快的事就會逐漸淡忘。

很多生活上的壓力除了原本就存在、不可避免的部分之外，其實有很多都是自己施加給自己的。

上司指責你、同事說你壞話、父母對你嘮叨、另一半和你吵架、小孩不聽話，種種都讓你覺得不愉快。當這個時間點過了以後，你卻無時無刻不將這些人的話放在腦海裡一再回想，那就是一種自虐、自討苦吃的行爲。

能解決、改善的部分都盡力了之後，就該忘掉那些惱人的部分。不要月初生悶氣，到了月底成了胃潰瘍！

試著將被罵、不愉快的部分忘掉，只要記住被稱讚、美好的部分。這才是讓生活更輕鬆自在的處世態度。

改變思緒，就能發揮潛力

人思緒的力量有極大的影響力。只要能肯定自己，就能發揮自己都想像不到的潛在力量。

身為一名舉重選手，職業生涯中遭遇到最大的障礙，就是遲遲無法突破當前的瓶頸，順利地舉起超越自己紀錄的重量。

幾乎每一位運動員在某一段時間都會遭遇到同樣的問題，像是無法突破既有的分數、表演形式或演出水準，也可能是球速無法進步、射擊的準確性不足、競賽的時間長短、某一高度或距離等等。

吉姆在舉重訓練中，穩定且持續地克服更高的重量限制，從四百磅、四百五十磅、四百七十五磅、四百九十磅、四百九十五磅，一直到四百九十八磅，但他就是舉不起五百磅的重量。雖然他口口聲聲說自己一定能夠舉起來，但在他的心中卻不這麼認爲，他覺得自己無法克服五百磅大關。

當舉重達到一定的重量時，選手通常不會自己抬著舉重桿，否則在開始舉重之前，心裡就會感到疲憊不堪，所以通常都是由訓練員幫忙抬著舉重桿。

有一天他的教練對他說：「吉姆，我們再試一次，然後就可以洗個澡回家休息了。來吧，再舉一次四百磅。」

吉姆一鼓作氣舉起重量桿，然後他的教練宣布：「我的天啊！我敢肯定這個桿子有五〇六磅！」

從那一刻起，對他而言，要舉起五百磅的桿子不再有任何困難，他不再懷疑自己有能力舉起五百磅的重量！

因為不知道自己舉的是五〇六磅，所以吉姆在無意中打破了自己的紀錄。這讓人思索一個問題，究竟是眞的沒辦法做到，還是自己認為做不到？

你可能正身為卡奴一族，累積的債務築成一座高台；每天都接到銀行的催債電話、親戚朋友都避而遠之，深怕你開口借錢；你的工作沒有前瞻性，甚至面臨被裁員的危機；你覺得自己已經走入絕望的深淵，看不到明天。

不妨問問自己：「有些人背負的債務比我多上好幾倍，他們有辦法還完，甚至開創新事業，為什麼我不能？這到底是什麼原因？」

這個提問能讓你重新面對自己的困境，思索解決問題的方法。你或許無法馬上得到答案、做出結論，可是你的想法已經改變。

人思緒的力量有極大的影響力。

當你對自己感到懷疑，就無法充分發揮實力。只要能肯定自己，就能發揮自己都想像不到的潛在力量。

搞清楚狀況，才不會越幫越忙

為別人擔憂解勞，幫助他們解開煩擾是一件好事，但必須了解狀況、對症下藥，才能達到改善的目的。

著名的進化論先驅達爾文在日記中寫了一件自己曾經做過的「蠢事」。

十九世紀中葉時，達爾文曾周遊世界。有一次，他來到非洲一個原始的部落，那裡的人住山洞，吃草根和野果，過著茹毛飲血的原始生活。

達爾文在那裡住了幾天，有了驚人的發現。

由於當地環境惡劣，資源短缺，人們找不到食物時，就將老弱病殘的人分而食之。他們所持的正當理由是：被吃掉的都是公認喪失勞動能力，對部落沒

有貢獻的人。

達爾文對這種習俗非常難過，心想，世界已經進入文明時代，但這裡的人還這麼野蠻殘忍，一定要想辦法改造他們。

他用高價買下當地一個出生不久的男嬰，把他帶回英國，他要用現代的教育方式，使這個擁有非洲血統的小孩變成一位「文明人」，然後再讓這個「文明人」去改造家鄉人吃人的原始狀況。

在達爾文用心栽培下，十數年後，這個小男孩果然成了「文明青年」。達爾文非常高興，透過熟人的幫助，把「文明青年」送回非洲。

一年後，達爾文又來到非洲，想看看十七年前的原始部落有多大的進步。可是，卻找不到那個「文明青年」。詢問之下，當地人才告訴他，他們把那個年輕人吃掉了。

達爾文聽了大大吃了一驚：「那麼優秀的人，爲什麼把他吃了？」

「他什麼都不懂，什麼都不會做，還不如吃掉，留下來有什麼用？」當地人理所當然地回答。

來自文明世界的人，反而拖累了在困苦環境中求生存的大衆。什麼都不會的他，只能貢獻出自己的軀體當食物。

自詡為「文明人」的人多半自視甚高，以為有了知識就可以改變一切，卻沒有眞正去體會整個大環境的需要。

對原始人來說，「文明」根本是沒用的東西。

他們最需要的，就是每天使自己得以活下去的三餐。他們所過的生活，只不過是遵循大自然最基本的規則。

惡劣環境、物質資源不足，才是眞正需要解決的根本問題。

我們是否也曾像達爾文一樣，只看到表面，就將自己所認為的好方法、好建議，硬套在對方身上呢？

試著回想一下自己的經驗，當你煩惱的時候，是否曾經被「熱心」的友人

強迫接受他提供的解決辦法？

「熱心友人」通常只能看見問題的表象，提出的建議對於解決問題多半一點用也沒有，卻自認自己的辦法最有效，逼你一定要照著他的話做。這樣的「熱心」，使得已經很苦惱的你又添加幾許厭煩，即使知道對方是好意，也會覺得受不了。

如果你受不了對方如此「熱心」，就不要把同樣的痛苦加在別人身上。

爲別人擔憂解勞，幫助他們解開煩擾是一件好事，但必須了解狀況、對症下藥，才能達到改善的目的，否則只會愈幫愈忙，甚至傷害了自己。

用一點心思，助人不是麻煩事

幫助別人不是必須大費周章的麻煩事，只要當成在做一件日常生活應該做的小事，便能輕易做到。

希拉．凱茵飽受纖維肌肉瘤之苦，超常的體重使她的行動嚴重受阻，只能整天待在家裡，生活起居全都得靠家人幫忙，這讓凱茵覺得自己就像個廢人一般毫無用處。她從來沒想過，有一天一無是處的自己能找回自信，這都要歸功於幾位好心的陌生人，讓她第一次發現了自己的個人魅力。

這件事開始於凱茵發現的一個專門幫助婦女減肥的網站。

這個組織的成員大約有十五個人，幾個月來一直與凱茵保持密切地聯繫，仔細且耐心地教導她有效減肥方法，並交流各種心得，這些方法幫助凱茵一下

減了四十五公斤之多。

當這個網站計劃在芝加哥舉行一個大型晚會的消息傳來時，凱茵的身體已經強壯得足以成行，但卻受限於財力狀況，只好放棄參加的機會。

幾位凱茵的網友以教母自稱，不願透露自己的眞實姓名，慷慨且無聲息地爲凱茵捐助了她此行需要的一切費用。凱茵從來不知道她們的姓名，但她心裡明白是她們幫助自己減肥成功的。凱茵回憶道：「我簡直不能相信，這就像童話故事那樣美好，我的夢想竟然成眞了。」

減肥小組的主要發起人覺得幫助凱茵有著深遠的意義，她說：「我所受的教育不多，但我總是夢想長大以後，能夠成爲一個夠幫助別人的人，就像所有神奇且溫柔的教母一般。」

「我有一個小孩了，」某次友人開心地說，接著自言自語道：「我該在信裡寫些什麼呢？」

看著她露出許久不見的燦爛笑容，身旁的人也感受到這份喜悅。原來，她透過某個慈善團體認養了一位非洲小朋友，幫助她上學去。她正想著該寫怎樣的一封信來鼓勵認養的對象。

很多年輕時吃過苦的人，會許下「有朝一日要幫助別人」的心願。或許他們的成就無法大到「造橋鋪路」，但是並不影響幫助別人的決心。

利用組織性的慈善機構幫助需要幫助的人，在自己的能力範圍內，每個月撥出一小筆錢來幫助弱勢族群、失學的孩子，以及他們的家庭，是一種很好的助人方式。對自己來說，只要少喝杯飲料、少看場電影就能做到的小事，卻能對別人的一生造成極大的影響，何樂不爲呢？

就像凱茵受到許多「教母」的幫助一樣，只要每個人付出一點心力、一點金錢，就能幫助一個女人拾回生命的意義，不也是人生的另一種成就？

幫助別人不是必須大費周章的麻煩事，只要當成在做一件日常生活應該做的小事，便能輕易做到。做一件不經意的小善事，然後你會發現，感覺多麼快樂！

做自己的依靠，最值得驕傲

「靠自己」並不可憐，更不可悲，能這樣的人更要感到驕傲。因為具有獨立自主的能力，能在任何環境中生存下去。

小蝸牛問媽媽：「為什麼我們要背著這個又硬又重的殼呢？」

媽媽回答牠：「因爲我們的身體沒有骨骼的支撐，只能爬，又爬不快，所以需要這個殼來保護自己。」

小蝸牛又問：「可是毛蟲姐姐沒有骨頭，也爬不快，爲什麼牠就不用背這個又硬又重的殼呢？」

蝸牛媽媽說：「因爲毛蟲姐姐可以變成蝴蝶飛起來呀。」

小蝸牛：「可是蚯蚓弟弟沒有骨頭，又爬不快，也不會變成蝴蝶，牠爲什麼不用背著這個又硬又重的殼呢？」

媽媽：「因爲蚯蚓弟弟會鑽土，大地會保護牠啊。」

小蝸牛不禁哭了起來：「那我們眞的好可憐啊，天空不保護我們，大地也不保護我們。」

蝸牛媽媽安慰牠說：「所以我們才要有殼啊！我們不靠天，也不靠地，我們靠自己。」

心態決定你的未來

「我們靠自己！」多麼令人震撼的一句話。

爲什麼這樣一句簡單的基本觀念，卻會令人感到震撼呢？

偶爾和朋友聊起出社會之後的生活，大家難免會感嘆現代人生活辛苦。

在物價不斷飛漲，所得卻沒有相對提升的年代，許多到達適婚年齡，甚至

過了適婚年齡的朋友都沒有成家，原因只是單純的經濟問題。

每一次聊天的過程，總會有句熟悉的感嘆詞：「唉！為什麼我們沒有出生在有錢人的家庭裡？」

這個社會就是如此不平等，有些人為了生活辛苦打拼，有的卻是把別人一個月的薪水當成零用錢花。

拋開「依賴」別人的想法吧！家庭只能當成一個後盾，當你感到徬徨、失落時，家，是一個可以休息的避風港。家人可以帶來精神上的支持，但不能一輩子支援物質方面的需求。

我們會為了「不平等」而感到難過、憤世嫉俗，是因為潛在的觀念還是想「依賴」別人，在得不到的情況下造成觀念上的偏差。

銜著金湯匙出生的人固然令人羨慕，但是他們若沒有自己謀生的能力，一輩子都只能靠著向人「伸手」過日子，那麼跟乞丐不同的地方只在於伸手的對象是父母、親人。

筆者有一個出身於單親家庭的好友在某家研究機關工作時，同時錄取的同事是個富家女。

必須背負全家經濟負擔的好友，生活上的每一筆花費都必須精打細算，但富家女同事卻是花錢如流水，工作只是爲了獲取經驗申請外國學校。

也因爲如此，富家女對於工作並不熱絡，動輒請假，不負責任，友人時常要負擔兩人份的工作量。

許多同事都擔心富家女的家境和行徑會造成友人心理上的不平衡，因此頻頻對友人做心理建設。

可是友人比他們想像中要樂觀許多，因爲他從一開始就知道人生必須「靠自己」，也因爲這樣，即使工作比他人辛苦，卻獲得許多人的認同，也願意在技術上給予他特別的指導。

「靠自己」並不可憐，更不可悲，能這樣的人更要感到驕傲，因爲具有獨立自主的能力，能在任何環境中生存下去。

以利益為前提，難談友誼

在某個契機、氣氛、環境之下，彼此能夠同仇敵愾、團結努力的情誼，都可能因為一根狗骨頭的丟出而風雲變色。

黃狗和黑狗趴在廚房外的牆角邊曬太陽。

雖然站在院子門口擔任守衛的工作讓牠們感到威風凜凜，但是牠們剛吃飽，不想再對著來來往往的人們大吼大叫，只想好好地休息一下。於是，兩隻狗就開始閒聊起來。牠們談到人世間的各種問題、自己必須做的工作、惡與善，最後談到了友誼。

黑狗說：「人生最大的幸福，就是能和忠誠可靠的朋友在一起生活，遇到什麼困難就互相幫助，睡啊、吃啊，都在一塊兒，彼此相親相愛，就像英雄好漢一樣惺惺相惜。還應該抓緊機會使朋友高興，讓牠的日子過得更加快樂，同時也在朋友的快樂裡找到自己的歡樂。天下還能有比這更幸福的事嗎？假如你和我成爲這樣親密的朋友，日子一定好過得多，也許連時間的緩慢流逝都感覺不到了。」

「太好了，我的寶貝，就讓我們做好朋友吧！」黃狗熱情地說道。

黑狗也很激動：「親愛的黃狗，過去的日子裡，我們朝夕相處卻沒有一天不打架，有好幾回都讓我感到非常痛心！當初是何苦呢？我們不愁吃，住得也寬敞，打架是沒有意義的！人類把我們當作友誼的典範，就讓我們用行動證明給人類看。要結成好友是沒什麼障礙的！來吧，握握爪吧！」

「贊成，贊成！」黃狗嚷道。

剛成爲好朋友的兩隻狗立刻熱情地擁抱在一起，舔著對方的臉孔，那副高興的模樣，比吃了一頓牛排大餐還開心。

「友誼萬歲！吵架、嫉妒、怨恨都滾開吧！」

就在兩隻狗開心大叫的同時，廚子扔出來一根香噴噴的骨頭，兩個新朋友立即像閃電似的朝著骨頭直撲過去，友好和睦像被火灼燒蠟一樣融解掉了。「親密」的朋友「親密地」滾在一起，相互撕咬，狗毛漫天紛飛。直到一桶涼水澆到牠們的背上，才把這一對「親密的朋友」拆開了。

心態決定你的未來

爲什麼人們總說學生時代的生活比較單純，認識的朋友也能長久往來？這是因爲彼此之間沒有「利益」的牽扯。

一些很單純的事情，哪怕只是自願爲大家服務，掃掃地、整理周遭環境的無心舉動，到了社會的大環境中都會被扭曲解釋。這麼做是不是別有所圖？還是要故意求表現？

因此，在某個契機、氣氛、環境之下，彼此能夠同仇敵愾、團結努力的情誼，都可能因爲一根狗骨頭的丟出而風雲變色、翻臉不認人。

你可能很難想像，當初和自己如此交心、談得來的那個人，爲什麼會有那麼大的轉變？

幾次的教訓下來，雖然會讓你感到傷心，但也讓你成長，了解社會的現實面，並懂得保護自己。

只有當自己能「滿足」時，才能進一步談「情誼」。

很多原本熱愛生命、懷抱熱誠的單純心靈，也會因爲適應社會而喪失最初的理念，實在是一件非常可惜的事。

然而，這是可以避免的。雖然不用爲自己築起一道牆，把每個人都當成敵人，但防人之心不可無，做任何決定之前要先記得保護自己。

別被外在環境影響內心平靜

只要做好自己本分上的工作，就不需要太在意別人的想法。別人的攻擊、冷言冷語我們不一定要接受。

自古以來，雞群總是喜歡相互挑釁。這個本能是牠們建立階級、地位的辦法。直到人類開始養雞以後，這種互鬥的脾氣就成了「生意人的煩惱」。上百萬隻雞在雞舍裡打來鬥去，讓養雞人面臨的「雞群死亡率」高達百分之二十五。

幾年前，加州一個蛋農發現他的雞死亡率忽然大降，仔細觀察之後，原來是因爲有很多雞罹患了白內障。獸醫告訴他這種病無法根治，然而這名蛋農並不是眞的想幫雞治病，因爲雞愈看不清楚，就愈不會互相打鬥。

獸醫們針對這個現象做了一番研究，他們打算利用鏡片製造白內障效果。經過實驗之後發現，戴了粉紅色隱形眼鏡的雞，會失去互相挑釁的衝動。

這個消息一傳出，除了美國各地，還有遠從世界多個國家紛紛寄來大量的訂單。可惜這樣熱門的產品還不能進入量產階段，因爲鏡片開發仍不夠完善，很容易就會滑落。

又經過幾年的研究，獸醫成立了一間公司，製造出較爲可靠的鏡片，一旦幫雞戴上，可以維持一年不掉出來。這種隱形眼鏡裝在雞的內眼皮上，內眼皮不能再張開，牠們就看不清楚了。

至於粉紅色鏡片的醫學解釋是，雞看見血時，互相侵啄的本能就會增強，所以只要讓牠們看見一片粉紅的世界，血的顏色就不會那麼明顯了。

在這種新型隱形眼鏡尚未問市之前，大多數雞農的解決之道是把剛孵化小雞的尖喙剪掉，但這不是個好辦法。

一方面喙不完整，啄食時會造成浪費；另一方面，「愛雞協會」及其他保

護動物組織也反對剪掉雞喙的粗魯辦法。

新的雞專用隱形眼鏡每副約二十分美元，保證雞的死亡率從百分之二十五減到百分之五。雞雖然會終身視線模糊，但是牠們可以專心生蛋長肉，不會急著去打鬥，也不怕被同類啄死。

至於雞農如何替上百萬隻雞戴上隱形眼鏡，要靠雞農藥自己傷腦筋了。

心態決定你的未來

電影〈花好月圓〉中，一位失去嗅覺的老太醫，在有機會獲得治療的情況下卻斷然拒絕。因爲他的老婆是一個很會放屁而且奇臭無比的人。爲了不讓「臭屁」影響兩個人的感情，他寧可放棄自己的嗅覺。

在故事中，雞群們也因爲看不清楚而減少打鬥的情況，這是不是也告訴我們，有時候做人不需要太過於斤斤計較，有些事情、有些話，看過、聽過就算了，不用太放在心上。

每當政治成爲發燒話題時，總有許多家庭爲了政黨問題鬧翻天，甚至有許多人必須求助於心理醫生。心理醫生也不停呼籲人們少看新聞，才不會愈看愈氣，徒增自己的精神壓力。

當一個粗線條的人並沒有什麼不好，或許會有人覺得這種人反應慢、思考不夠敏捷，但那又何妨呢？粗線條一點，很多不愛聽、不好聽的話就聽不懂，也不會聽進去。

只要做好自己本分的工作，就不需要太在意別人的想法。

讓自己「看不仔細」、「聽不清楚」並不是逃避責任，而是保護自己的一種方式。別人的攻擊、冷言冷語我們不一定要接受。碰上這些事的時候，可以選擇閉上眼睛、關上耳朵，享受一個人的寧靜。

心態決定你的未來全集

作　　者　江映雪
社　　長　陳維都
藝術總監　黃聖文
編輯總監　王　凌
出 版 者　普天出版社
新北市汐止區康寧街 169 巷 25 號 6 樓
TEL / (02) 26921935 (代表號)
FAX / (02) 26959332
E-mail：popular.press@msa.hinet.net
http://www.popu.com.tw/
郵政劃撥 19091443 陳維都帳戶
總 經 銷　旭昇圖書有限公司
新北市中和區中山路二段 352 號 2F
TEL / (02) 22451480 (代表號)
FAX / (02) 22451479
E-mail：s1686688@ms31.hinet.net
法律顧問　西華律師事務所・黃憲男律師
電腦排版　巨新電腦排版有限公司
印製裝訂　久裕印刷事業有限公司
出 版 日　2018 (民 107) 年 11 月第 1 版
ISBN◉978-986-389-556-5　　條碼 9789863895565

國家圖書館出版品預行編目資料

心態決定你的未來全集／
江映雪著.—第 1 版.—：新北市,普天
民 107.11 面；公分. - (新生活大師；39)
ISBN◉978-986-389-556-5 (平裝)

新生活大師
39